"十四五"职业教育国家规划教材

高等职业院校新形态
通识教育系列教材

U0722619

大学生创新创业基础与实践

刘霞 宋卫 ◎主编

彭苏秦 罗娟 赵宇萱 陆婷 ◎副主编

慕课版 第2版｜活页式

人民邮电出版社
北京

图书在版编目（CIP）数据

大学生创新创业基础与实践 : 慕课版 / 刘霞，宋卫主编. -- 2 版. -- 北京 : 人民邮电出版社，2024. (高等职业院校新形态通识教育系列教材). -- ISBN 978-7-115-65010-8

Ⅰ. G717.38

中国国家版本馆 CIP 数据核字第 20241DX717 号

内 容 提 要

本书以立德树人为中心，贯彻落实《国务院办公厅关于深化高等学校创新创业教育改革的实施意见》，力图激发大学生的创新创业精神，培养大学生的创新思维。本书适应模块化教学改革需要，采用《国家职业教育改革实施方案》中倡导的新型活页式教材编写方式。全书分为"唤醒创新意识""训练创新思维""开启创新活动""捕捉商机""组建创业团队""整合创业资源""开办新企业""推广创业项目""编制创业计划书"和"路演"10 个项目。

本书为创新创业在线开放课程配套教材，不仅可作为创新创业公共基础课程的教材，也可作为创新创业培训、有志于创业的人员自学的参考书。

◆ 主　　编　刘　霞　宋　卫

　副 主 编　彭苏秦　罗　娟　赵宇萱　陆　婷

　责任编辑　白　雨

　责任印制　王　郁　彭志环

◆ 人民邮电出版社出版发行　　北京市丰台区成寿寺路 11 号

　邮编 100164　电子邮件 315@ptpress.com.cn

　网址 https://www.ptpress.com.cn

　北京联兴盛业印刷股份有限公司印刷

◆ 开本：787×1092　1/16

　印张：14　　　　　　　　　　2024 年 9 月第 2 版

　字数：305 千字　　　　　　　2025 年 7 月北京第 4 次印刷

定价：54.00 元

读者服务热线：(010)81055256　印装质量热线：(010)81055316

反盗版热线：(010)81055315

作为高等职业院校创新创业课程的教材，本书第 1 版自出版以来就广受好评。为落实立德树人根本任务，紧跟产业和社会发展需要，编写团队根据近年来江苏省首批在线精品课程《创新创业》的建设和应用中的实际经验，在吸纳创新创业领域最新教学研究成果的基础上对第 1 版教材内容进行了修订。

本次修订以党的二十大精神为指引，贯彻落实立德树人根本任务，在培养学生的创业意识、创新精神和创新思维的同时展开思创融合教育，为着力培养向上敢闯、理性会创的青年奋斗者提供立体化教学资源支撑，助力其优化知识结构、提升综合素质，为其创新创业活动做好准备。

本书根据教育部关于大学生创新创业教育的指导精神，遵循以学生为本的原则，按照"必需、够用、兼顾发展"的原则，循序渐进地组织内容。在相关知识点和技能点中，本书注重融入价值教育元素，潜移默化地对大学生的思想意识、行为举止产生影响，实现立德树人的目标。

为满足日新月异的教与学的需求，本书采用了具有高度灵活性的活页式编写方式，学生在使用时可根据实际需求抽出或加入新书页。此外，本书还配备了与教学内容有机结合的数字资源，包括 PPT 课件、教学大纲、题库、教案等丰富的教学资源，形成了新形态、多维、立体、可视化的教材体系，教师可通过访问人邮教育社区（www.ryjiaoyu.com），免费下载相关资源。教师可以在课前布置学习任务，引导大学生通过配套的教学资源进行自主探究式学习，以激发大学生学习的主观能动性；在课中，教师可利用丰富多样的实训项目辅助教学；在课后，教师可利用案例拓展延伸，切实贯彻"以学生为主体，以教师为主导，以能力为根本"的教育理念。同时，本书在人邮学院网站（www.rymooc.com）开设课程，教师可扫描封面二维码，登录人邮学院观看慕课视频、布置作业及课堂管理。

本书由刘霞、宋卫担任主编，彭苏秦、罗娟、赵宇萱、陆婷担任副主编。全书分为 10 个项目，其中，刘霞编写项目一、项目二、项目三、项目九；罗娟、刘霞共同编写项目五和项目八；陆婷编写项目四；彭苏秦编写项目六和项目七；赵宇萱、刘霞编写项目十；刘霞负责全书的统稿、定稿。

由于编者水平有限，书中难免存在不足之处，敬请广大读者批评指正。

编 者

2024 年 7 月

目录

CONTENTS

目录

01 项目一 唤醒创新意识

项目一
思维导图

✕ 背景与任务

大一新生常小信，是一个充满激情和想法的年轻人。看着毕业不足三年的学长陈聪所捧回的互联网＋大赛的奖状，听取了学长的经验分享，他不禁心生向往，暗下决心要利用自己的专业特长开始创业。为了确定自己是否适合创业，常小信求教于学长。经过与学长的交流，常小信认识到创新意义重大，但光凭一腔热情远远不够，他需要精心准备。听取学长的建议后，常小信联系了自己的创新创业导师。导师让他先不要急于投入创业大军，作为一名新人，先完成如下 3 个任务：①了解什么是创新，调查创新的价值；②选取一家企业调查其创新活动；③制订自己的创新意识培养计划。

✕ 学习目标

- 知识目标

1. 掌握创新的内涵，了解创新的类型。
2. 理解创新意识的内涵，掌握创新意识的培养方式。
3. 掌握创新能力的培养方式。

- 能力目标

1. 能初步树立创新意识。
2. 能有规划地培养创新能力。

- 素质目标

1. 具有团队合作精神和协作能力，能与他人分工协作完成相关任务。
2. 具备良好的交流沟通能力，能有效地表达观点并进行成果汇报展示。
3. 具有良好的信息素养和学习能力，能运用正确的方法和技巧掌握新知识、新技能。

- 价值目标

1. 具有主动适应新时代中国特色社会主义发展要求的意识。
2. 坚持系统观念，善于运用马克思主义的立场、观点和方法解决问题。

课前自学

一、创新的内涵

对于创新的概念，不同学科的学者先后给出过不同的界定方式。在经济学领域，创新的概念是由政治经济学家约瑟夫·熊彼特于1911年在《经济发展理论》中首次提出的。根据他的定义，创新是一种"新的生产函数的建立"，即"企业家对生产要素的新组合"，其目的在于获取潜在的超额利润。约瑟夫·熊彼特认为创新主要有5种类型：①引入一种新的产品或赋予产品一种新的特性；②引入新的生产方法，即采用新的工艺或新的生产组织方式；③开辟一个新的市场；④获取原材料或半成品的一个新的供应来源；⑤创建一个新组织。此后，经济学家对创新还先后提出过多种界定方式，但多从"技术"角度出发，强调创新主要是从技术方面着手，对产品或工艺进行改进或变革，从而创造新的价值。

▶ 微课

创新及其类型

📖 初心茶坊

创新是引领发展的第一动力

创新是一个民族进步的灵魂，是一个国家兴旺发达的不竭动力。党的十八届五中全会提出创新、协调、绿色、开放、共享的新发展理念，把创新放在首位，以创新引领发展，突出了创新的重要性。在党的二十大报告中，"创新"一词出现了50多次，明确提出要"坚持创新在我国现代化建设全局中的核心地位""加快实施创新驱动发展战略"。到2035年，我国要"实现高水平科技自立自强，进入创新型国家前列"。

社会学认为，创新是指人们为了发展需要，运用已知的信息和条件，突破常规，发现或产生某种新颖、独特、有价值的新事物、新思想的活动。创新的本质在于突破，即突破旧的思维定式，改进或创造新的事物（包括但不限于各种方法、元素、路径、环境等），从而创造出有价值的成果。创新活动的核心是"新"，它或者是产品的结构、性能和外部特征的变革，或者是造型设计、内容的表现形式和手段的创新，或者是内容的丰富和完善。

概括而言，创新是指人们为了发展需要，运用已知的信息和条件，以现有的知识和物质，在特定的环境中突破常规，发现或产生某种新颖、独特、有价值的新事物、新思想的活动。在知识经济时代，科学技术的进步与创新已经成为经济社会发展的决定性力量之一。越来越多的企业用实践证明，高效率的生产方式、优质的质量、良好的品牌等已经不足以让一家企业永远获得持续的市场竞争优势，创新是各类企业生存与发展的必然选择。

查一查

创新与创造的区别与联系是什么？

_____

_____

二、创新的类型

创新的表现形式是多种多样的，涉及企业活动的所有方面。创新根据其出现场合的不同，分为产品创新、技术创新、服务创新和商业模式创新等。

1. 产品创新

产品创新是指通过改善或创造产品，进一步满足用户的需求或开辟新的市场。产品创新的价值在于创造性地解决了用户的问题，同时兼顾了用户价值和商业价值，既满足了用户的需求、创造了用户价值，又实现了企业的商业目标、创造了商业价值。成功的产品创新能通过对产品的功能、外观、质量、安全性能等各方面不断进行改进来满足用户的需求，从而争取更广泛的用户基础，增加企业的市场竞争优势。

☆ **创客咖啡**

大数据引领产品创新

在信息化时代，企业可以通过挖掘来自呼叫中心服务工单、保修记录、在线客户评论、博客、互联网搜索分析、基于位置的服务等多渠道的大量信息，分析各种信息，精确定位用户的需求，从而推出为用户"量身定制"的新产品，提高产品创新的成功概率。

利用大数据进行产品创新"最易见效"的方式就是客户情绪分析——企业密切关注社交媒体上的帖子、朋友圈、微博及其他在线信息，了解人们的所思所想，以便在各种问题和想法完全被意识到之前，及早地发现它们。例如，一家计算机企业的新款笔记本电脑存在过热的毛病，该企业发现这个预警信号后，认真分析了原因，发现问题出在部分用户将外接显示器连到笔记本电脑上。用户在这么做时，势必关掉屏幕，这就挡住了排风扇，从而导致笔记本电脑过热。该企业马上重新设计了这款笔记本电脑，解决了这个问题。

产品创新的方式可分为以下 6 种。

（1）开发全新产品。全新产品是同类产品中的第一款，并创造了全新的市场。

（2）开发新产品线。在新产品线上生产出来的产品对市场来说并不新鲜，但对有些厂家来说是新的，约有 20% 的新产品归于此类。

（3）增加已有产品的品种。增加的产品品种属于已有的产品系列的一部分，对市场来说，它们也许是新产品。此类产品是新产品类型中较多的一类，约占所推出的新产品的 26%。

（4）改进老产品。改进后的老产品从本质上说是老产品品种的替代。它们在性能上比老产品有所改进，能提供更多的内在价值。该类产品约占推出的新产品的 26%。

（5）重新定位老产品。这种方式适于老产品在新领域的应用，包括重新定位一个新市场，或将老产品应用于一个不同的领域。以这种方式生产出来的产品约占新产品的 7%。

（6）降低产品的成本。将通过这种方式生产出来的产品称作新产品有点勉强，它们被设计出来替代老产品，但在性能和效用上没有改变，只是成本降低了。此类产品占新产品的 11%。

2. 技术创新

技术创新是指生产和传输某种新产品或服务的新方式，如对产品的加工过程、工艺路线、设备、生产规则体系等所进行的创新。企业可以通过研究和运用新的方式、方法和规则体系等实现技术创新，以提高企业的生产技术水平、产品质量和生产效率。

☆ 创客咖啡

工艺流程创新的策略

（1）创造策略，即利用新原理、新技术开发新工艺。

（2）模仿策略，即根据市场预测及企业自身的能力，选择市场上已有的生产工艺进行模仿或稍加改进。

（3）复合策略，即把创造和模仿结合在一起的工艺创新。

技术创新的类型有以下 6 种。

（1）围绕提高产品质量等级品率的技术创新。产品质量等级品率是衡量质量水平和技术规格符合度的指标。为提高产品质量等级品率，企业必须在工艺技术、工艺管理和工艺纪律 3 个方面协调创新，忽视其中哪一方面，都可能无法使产品质量和优等品产值率得到保证。

（2）围绕降低质量损失率的技术创新。质量损失率是一定时期内企业内部和企业外部质量损失成本之和占同期工业总产值的比重，是衡量质量经济性的指标。为降低废品产生率、减少损失，企业要在设计、工艺技术等软件方面和材料、设备等硬件方面进行协调配套创新。

（3）围绕提高工业产品销售率的技术创新。工业产品销售率是一定时期内销售产值与同期现价工业总产值之比，它能反映产品质量适应市场需要的程度。通过技术创新，企业既能生产独具魅力的物化产品，又能提供优质的服务产品，从而吸引用户、拓展市场、扩大销售。

（4）围绕提高新产品产值率的技术创新。新产品产值率是一定时期内新产品产值与同期工业产品产值之比，它能反映新产品在企业产品中的构成情况，体现企业技术进步状况和工艺综合水平。现代企业的生产往往需要结合多种学科、多种技术综合成的工艺技术，尤其是技术密集型创新产品，需要荟萃机、电、光、化学、微电子、计算机、控制及检测等技术工艺，以实现对产品寿命周期信息流、物质流与决策流的有效控制与协调，以适应竞争市场对生产和管理过程提出的高质量、灵活响应和低成本的要求。

（5）围绕节约资源、降低成本的技术创新。传统自然资源日益匮乏，而改进原有技术，科学、合理、综合、高效地利用现有资源，或采用新技术、开发利用新的资源，可以使企业节约能源、降低物耗能耗，最终降低产品成本。

（6）围绕有益于环境的技术创新。低污染或无污染成为社会、政府和人民对企业生产及其产品的越来越突出的要求。通过技术创新，企业可以减少生产过程中的污染，提供无污染的产品。

创客咖啡

创新铸造工艺

3. 服务创新

服务创新是企业为了提高服务质量和创造新的市场价值而发生的服务要素变化，是对服务系统进行有目的、有组织的改变的动态过程。服务创新是技术创新、业务模式创新、社会组织创新、需求和用户创新的综合。服务创新能通过新的设想、新的技术手段转变成新的或改进的服务方式，使用户或潜在用户感受到不同于从前的崭新内容。

服务创新的途径主要有以下 5 种。

（1）全面创新。全面创新借助技术的重大突破和服务理念的变革，创造全新的整体服务。其在服务创新中所占的比例最小，却常常是服务观念革新的动力。

（2）局部革新。局部革新是利用服务技术的小发明、小创新或通过构思精巧的服务概念，使原有的服务得到改善或具备与竞争对手的服务存在差异的特色。

（3）形象再造。形象再造是通过改变服务环境、扩充服务序列、命名新品牌来重新塑造新的服务形象。

（4）改型变异。改型变异是通过市场再定位，创造出在质量、档次、价格方面有别于原有服务的新的服务项目，但服务的核心技术和形式不发生根本变化。

（5）外部引入。外部引入是通过购买服务设备、聘用专业人员或获得特许经营权等方式将现成的标准化的服务引入本企业中。

⭐ 创客咖啡 _____

海底捞超级App

餐饮业创新的标志性企业——海底捞，通过和阿里云等企业合作，推出了"千人千面"的超级App，如图1-1所示，通过应用先进的互联网技术开始新的蜕变。

海底捞多年前在国外购置的客户关系管理系统，仍然基于传统的IOE（使用IBM的小型机、Oracle数据库、EMC存储设备）架构，无法负荷门店扩张的速度和互联网高并发流量的需求，营销部门也不敢大范围地开展促销、推广活动。节假

图1-1 海底捞超级 App

日和高峰时段的高请求量渐渐使得现有的系统不堪重负，CPU（中央处理器）利用率满了，服务系统一到周末或"大促"时段就会"宕机"，这对旗下所有门店的正常营业影响很大。不仅如此，"网红"餐饮兴起，外卖竞争激烈，海底捞也需要打破现有的会员体系和营销手段。

海底捞超级App不仅让排号、订位、点餐等基础功能更流畅，还创新性地集成了社区、短视频分享、智能语音交互等功能和新技术，在功能性的基础上，为用户提供游戏、社交、娱乐等增值服务，此外还有智能客服"捞小蜜"24小时在线服务。而这款超级App最为"超级"之处，是真正做到了能够分辨出每位用户的口味和个人喜好，每一位用户打开海底捞超级App，看到的菜品推荐、促销信息、达人分享等内容都不一样。

这套全新的架构为海底捞带来了看得见的"价值"。海底捞原有的客户关系管理系统性能提升了18.6倍，实现了新零售环境下的新会员体系和成长体系的建立。目前，这套系统能够支持亿级的会员数量和千万级参与者的营销活动，发红包系统上云后，性能提升了46倍。

"蜕变"的海底捞超级App，服务直达用户，线上多个活动可触达用户。线上线下交互式的消费吸引了更多人流，从而形成了内容引流。而且，新的App使得品牌整体显得更加年轻化。除此之外，海底捞的积分、卡券等传统营销模式变得更智能化，即由算法推荐最优的运营策略，进行"千人千面"的营销。总之，海底捞超级App通过跨界+互联网的方式，增加了用户对品牌的黏性与忠诚度、新鲜度。

4. 商业模式创新

商业模式创新是通过改变企业价值创造的基本逻辑，以提升用户价值和增强企业竞争力的活动，既可能包括多个商业模式构成要素的变化，又可能包括要素间关系或动力机制的变化。简而言之，商业模式创新就是指企业以新的商业模式盈利。

商业模式创新是对企业基本经营方法进行的变革。一般而言，个体进行商业模式创新的方法有4种：改变收入模式、改变企业模式、改变产业模式和改变技术模式。

（1）改变收入模式，就是个体通过改变自身的用户价值定义和相应的利润方程或收入模型来实现商业模式创新。

（2）改变企业模式，就是个体通过改变自身在产业链中的位置和充当的角色来实现商业模式创新。

（3）改变产业模式是最"激进"的一种商业模式创新，是指个体重新定义所属产业，进入或创造一个新产业。

（4）改变技术模式，就是个体通过技术变革、改变产品的生产制造方式来实现商业模式创新。

三、创新意识

直接激励和推动人们从事创新活动的内在驱动力来自人们自身的创新意识，

创客咖啡

美团的商业模式创新

微课

创新意识的培养

而培养创新意识能通过激发人们进一步发挥主体性、能动性、创造性，对人们的创新行为起导向、激发和催化作用，从而促使人们更好地从事创新活动。

1. 创新意识的内涵

创新意识是指人们根据社会和个体生活发展的需要，引起创造前所未有的事物或观念的动机，并在创造活动中表现出的意向、愿望和设想。它是人类意识活动中的一种积极的、富有成果性的表现形式，是人们进行创造活动的出发点和内在动力，同时也是创造性思维和创造力的前提。

2. 创新意识的构成

创新意识主要包括创新动机、创新兴趣、创新情感和创新意志。

（1）创新动机

任何行为的背后都有各种各样的动机，而任何创新活动都离不开创新动机。创新动机是创新活动的动力因素，它能推动和激励人们发动和维持创新活动。创新动机是创造情感与创新意志的凝结与升华。创新动机直接影响个体对创新活动的期待、对创新结果的体验和评价，进而影响个体创新意识的发展和开展创新活动的积极性。

人们开展创新活动常常出于复杂而多样的动机，这些动机以一定的相互关系构成个人的创新动机体系。各种创新动机在创新动机体系中所处的地位和所起的作用都有所不同，积极的创新动机对创新活动有直接的推动作用。积极的创新动机应具备以下 3 个特点。

① 顺应社会需求，确定创新目标。个体积极主动地发现问题，急国家之所急，想民众之所想，以关系到国计民生而自己又力所能及的课题作为创新目标。

② 选择正当的实现目标的手段。对于同一个创新目标，我们通常可采取不同的手段实现。个体应遵从社会行为规范和职业道德，依靠自己的力量和苦干实干的精神，通过正当的手段取得为社会所承认的创造成果。

③ 不断完善创新成果。在积极的创造动机的支配下，个体永不满足，常思进取，不断改进不完善的创新成果，消除某些成果的不良影响。

📖 **初心茶坊**

什么是新质生产力?

新质生产力是创新起主导作用，摆脱传统经济增长方式、生产力发展路径，具有高科技、高效能、高质量特征，符合新发展理念的先进生产力质态。它由技术革命性突破、生产要素创新性配置、产业深度转型升级而催生，以劳动者、劳动资料、劳动对象及其优化组合的跃升为基本内涵，以全要素生产率大幅提升为核心标志，特点是创新，关键在质优，本质是先进生产力。

当前，新一轮科技革命和产业变革蓄势待发，一些重大颠覆性技术创新正在创造新产业新业态，信息技术、生物技术、制造技术、新材料技术、新能源技术广泛渗透到几乎所有领域，带动了以绿色、智能、泛在为特征的群体性重大技术变革。我们迎来了世界新一轮科技革命和产业变革同我国转变发展方式的历史性交汇期，面临千载难逢的历史机遇，新质生产力应运而生并在实践中不断发展壮大。新质生产力代表科技革命和产业变革的新方向、新趋势，代表先进生产力的发展方向。加快形成新质生产力，是要在生产力发展中取得领先地位，在新领域新赛道上占据发展先机，在激烈的国际竞争中赢得发展主动权。

新质生产力不是传统生产力的局部优化与简单迭代，而是由技术革命性突破、生产要素创新性配置、产业深度转型升级而催生的先进生产力，必将带来发展方式、生产方式的变革，推动我国社会生产力实现新的跃升，为全面建设社会主义现代化国家奠定更加坚实的物质技术基础。

（资料来源：《求是》杂志）

（2）创新兴趣

创新兴趣能促进创新活动的成功，是促使人们积极探求新奇事物的心理倾向。

对个体而言，创新兴趣的产生需要去除心理上的惰性，培养寻根究底的好奇心。当人们有新的想法或对工作中的某一环节产生兴趣时，会更积极主动地开展创新活动。要对产品具有寻根究底的好奇心，对市场有敏锐的目光，不断对现有产品进行改进，创造新产品，以满足更多客户的需求。还要时刻警惕自己心理上的惰性，愿意为了获得更高的效率不断地改善自己的工作方式和流程。

想一想

怎样让自己养成创新兴趣？

_____

_____

（3）创新情感

创新情感是引起、推进乃至完成创新活动的心理因素。个体只有具有正确的创新情感，才能使创新活动成功。创新情感在很大程度上取决于个体对创新目标需要性的认识，亦即同个体的认知过程有极为密切的关系。个体只有充分认识到创新活动的社会意义，把显现个人价值、实现自我成就的欲望同促进社会进步的理想统一起来，把个人需要同社会需要统一起来，才能产生强烈而稳定的创新情感，并使之成为推动创新活动的持久动力。

☆ **创客咖啡**

创新情感的构成

创新情感包括创新热情和对创新活动所持有的、带有社会性特征的道德感、理智感、美感等。

创新热情是个体对创新活动的深厚而坚定的情感，具有极强的连续性。创新热情可以强化个体思维的主动性、生动性和创新性，使个体产生积极的思考、丰富的想象。

道德感是个体关于自己的思想、意图、行为、举止是否符合社会道德行为标准和客观的社会价值的情绪体验，主要体现为通过创新活动来服务社会、报效祖国的爱国主义情感、义务感、责任感、自尊感、自信感等。

理智感是个体在智力活动中对于追索目标进行判断取向所产生的情绪体验，如对既有事物的怀疑感、缺憾感，对创新思路的新奇感、冲动感，对创新性成果的喜悦感、兴奋感等。

美感是个体对创新对象所蕴含的美的情绪体验，包括对创新目标的适用性、艺术性、完美性和浪漫主义的追求，对均衡与稳定、对称与平衡、色彩与色调、外观与造型、结构与功能的选择等。

（4）创新意志

创新意志是在创新中克服困难、冲破阻碍的心理因素，是使个体自觉地确定目标并支配其行动以实现目标的心理过程。创新意志具有明显的目的性、顽强性和自制性，对个体的心理状态和创新活动起调节与控制作用。创新是在现有基础上前进、突破，在某种程度上又需要对现有的发展思路、发展模式进行传承、修订、调整，甚至否定。创新活动难免会不完善，难免会出现失误，甚至失败。个体只有保持强烈的创新意志，才能创新地开展工作，才能实现跨越式发展。

查一查

在心理学中认知、情感与意志是怎样的关系？创新行为需要怎样的意志过程？

_____

_____

四、创新意识的培养

强烈的创新意识是创新活动的动力和先决条件。要培养创新意识，我们应从以下 3 个方面入手。

1. 树立问题意识

问题意识是人们在认识活动中对客观存在的矛盾的敏感性，是人们在思考一些难以解决或令人疑惑的实际问题及理论问题时产生的一种怀疑、困惑、焦虑、探索的心理状态。实践表明，一切创新活动都源于对问题的发现。问题意识能驱使个体积极思考，并不断提出问题和解决问题。可以说，树立问题意识是培养创新意识的基础。

（1）培养批判意识

培养批判意识首先要求我们合理看待权威，勇于批判。纵观人类历史，对权威的怀疑推动着人类的文明不断发展，不少科学真理的发现都源于对权威理论的怀疑。我们要改变自己的工作方式和思维方式，不让自己被习惯束缚，学会以质疑的眼光看待传统的假设，从而得到真正想要的结果。

与此同时，树立批判意识需要我们把握系统性原则，合理批判，避免以偏概全或只顾眼前利益。事物都是由一定的结构和层次组成的有机体，所以培养批判意识应坚持系统观念，如果在批判的过程中无法把握事物的系统性，那么这个批判是站不住脚的。

（2）打破思维定式，善于捕捉问题

个体要成功捕捉问题，应从克服从众心理、打破思维定式入手。

要克服从众心理，个体首先需要克服盲从，保持高度的自信，独立做出判断；其次，个体需要增强自制力，在做出独立判断后不轻易改变，主动地顶住"另类"所带来的群体压力，迫使自己执行已有的决定。

⭐ 创客咖啡 ────────────────────────

从众

从众也就是通常所说的"随大流"，即个体在群体的影响和压力下，放弃自己的意见而选择与大多数人一致的行为。从众现象是日常生活中常见的心理现象，在特定的条件下，由于没有足够准确的信息，我们可以通过模仿他人的行为来降低决策的风险，但盲目地从众将扼杀一个人的独立意识，使其失去发现问题的能力。

要打破思维定式，个体应挣脱固有经验的枷锁，不断增长见识，做到见多识广，看待似曾相识的问题时不以偏概全。在此基础上，个体还应关注自身的新的体验或认知，想办法将新的体验或认知与固有的经验相结合，当新的体验或认知明显优于固有的经验时，应放弃固有的经验。

想一想

如果有幸去听一场学长的创新经验报告会，你会提出哪些问题？

_____

_____

（3）多角度思考问题的解决办法

个体应努力培养独立思考能力和观察能力，学会从多角度分析和思考问题；应重新界定问题，学会以质疑的眼光看待传统的假设，换一个角度，从产生问题的外围环境而非问题本身来思考解决问题的方式。在面对难以解决的问题时，个体可利用过往的经历或经验，从中寻找可以用于解决问题的方法并加以组合。

2. 激发创新动机

根据动机的来源，创新动机可分为内部创新动机和外部创新动机。内部创新动机是指由主体内在的需要引起的动机，外部创新动机则是由主体所从事的活动以外的刺激诱发产生的动机。

个体对创新动机的激发可分别围绕内部创新动机和外部创新动机的不同特点展开。

（1）激发内部创新动机

内部创新动机对个体创新意识的培养、创造活动的产生和创造力的发挥具有重要作用。个体应积极主动地寻求激发内部创新动机的方法。

首先，准确评估自身潜能，分析自身的特长、发掘潜能。

其次，保持良好的精神状态。舒畅的心情能使人的思维活跃起来，只有思想无拘无束，灵感才能层出不穷。如果一个人的情绪总是十分紧张，长此以往，他的大脑神经系统就会受到伤害，思维反应就会变得迟钝，甚至影响其日常行为能力。

再次，营造轻松的环境。轻松的环境有助于个体充分地放松和想象，达到"忘我"状态，可以最大限度地激发和释放潜能。个体在工作时应尽量减轻客观环境对思维活跃程度的压抑，特别是不要对自己的言行进行不必要的约束。

最后，进行积极的归因。归因，即归结行为的原因，指个体根据相关信息、线索对行为原因进行推测与判断的过程。无论是成功还是失败，每个人都会力求解释自己的行为，分析导致行为结果的原因。面对成功与失败，积极地归因有助于让个体在失败时不至于太悲观，同时也可以减少其内心的焦虑与内疚感；而在成功的时候个体会感到满意和自豪，这种积极的心理体验将使个体对持续某一行为的积极性保持在较高水平。

创客咖啡

大学生激发创新动机的方式

（2）激发外部创新动机

动机是推动人活动的内部心理过程，因此，任何外界的要求、力量都可以转化为人的内在需要，成为活动的推动力量。实践表明，恰当的外部创新动机能够推动创新活动的开展。个体在激发外部创新动机时应注意以下3个方面。

首先，借用外部创新动机激发内部创新动机。个体在刚刚接触一个新事物或进入一个新领域时，由于对新事物或新领域不熟悉，很难产生强烈的内部创新动机。此时个体可适当采取奖励强化法，利用外部创新动机去支撑行为，即当自己对一项工作不感兴趣但又必须完成时，可以事先与自己做个约定——在完成一部分工作后给自己一个奖励并设定一个奖励标准。

其次，在创新活动过程中，严格执行奖励标准。个体一定要在自身的创新活动结果达到一定的水平时才能给自己奖励。

☆ 创客咖啡 ——————————————————

非必然奖励的作用

心理学研究认为：非必然外在奖励（活动结果达到一定的水平才能得到的奖励）较那些必然伴随的奖励（只要活动就能获得的奖励），对个体激发内部创新动机和做出行为会产生更强的促进作用。

最后，避免外部创新动机抑制内部创新动机。促使一个人创新的外在动机有很多，如外部的奖励、他人的赞赏等，但过分强调外部创新动机会使内部创新动机减弱，甚至使其完全消失。因此，个体在内部创新动机被激发出来后，要学会逐步弱化外部创新动机，使创新行为真正满足个体内在的需要。

想一想

利用哪些外部创新动机可以有效激发自己的内部创新动机？

_____

_____

3. 培养创新兴趣

（1）创造培养兴趣的环境

环境对人的影响是巨大的，创新氛围浓厚的环境有利于创新兴趣的培养。作为创新者的大学生，要主动创造有助于培养兴趣的环境，具体包括物理环境和心理环境。

从物理环境来看，大学生一方面应尽量选择创新氛围浓厚的环境，与富有创新精神的人在一起。环境对兴趣产生影响的重要形式是榜样发挥垂范作用。在创新氛围浓厚的环境里，创新榜样将不知不觉地影响大学生，在潜移默化中激发其创新兴趣。此外，大学生还应积极参加社会实践活动，增加创新兴趣的广度和深度。

想一想

社会实践活动为什么可以增加创新兴趣的广度和深度？

_____

_____

从心理环境来看，大学生应保持心理安全和心理自由，在无拘无束的思维空间中孕育创新兴趣。为培养创新兴趣，大学生可从以下 3 个方面来行动：①永远对这个世界保持好奇心、探索欲，具备不断开拓进取的品质；②增强自我成就动机；③培养对自我的积极期望，促使自身行为朝着良性方向发展。

（2）尝试激发创新兴趣

大学生尝试激发创新兴趣可以从感受日常生活中的创新带来的乐趣开始。学会带着审视的眼光去观察和思考自己生活的环境，学会关心和关注周围的事物或现象，要明白、顺利地解决生活中的任何问题，如烹调出一道新的菜肴，发现事物有新的用途，用更简单的办法解决生活中的难题等。

初心茶坊

高成就动机

对不了解的创新活动不轻易说不感兴趣，学会从简单的尝试开始。首先，给自己制定一些小目标，让自己在实现小目标后体验到活动过程带来的成功与喜悦，兴趣也就逐渐产生了。其次，将一项比较复杂的任务分解为几个子任务，从比较容易的子任务入手，这样容易增加创新的信心。

此外，兴趣是可以转移的，个体可以合理运用兴趣的可转移性。作为新一代的大学生，我们应该有意识地把自己的兴趣转移到创新活动中去。

（3）合理地自我强化

自我强化是指个人依据强化原理安排自己的活动或生活，每实现一个小目标即给予自己一些物质上的或精神上的"报酬"，直到最终目标实现。自我强化可以用来培养兴趣与爱好，使个体保持兴奋的状态，并保证其行为活动的持续开展。自我强化根据强化物的不同，可以分为物质强化和精神强化。

物质强化，也就是个体在进行创新活动之前，先为自己制定一些活动标准，在活动过程中时常将自己的活动情况与标准进行比较，如果达到了所制定的活动标准，就予以自己一定的物质奖励。

除了物质强化外，个体更应关注的是精神强化，也就是通过精神、心理方面的体验来强化自身的创新兴趣。每个人都会自发地进行精神强化，如在创新过程中努力寻求积极的心理体验（主要包括"快乐""喜悦""自豪""满足"等积极的情绪和"成就感""荣誉感"等人类比较高层次的需要）。个体在创新的过程中应扬长避短，发挥自己的特长和优势，让创新的过程和创新的成果给自己带来积极的心理体验，不断强化参与创新活动的兴趣。此外，在创新的过程中，挫折是难以避免的，个体要勇于面对挫折的考验，学会正确对待挫折，避免负性强化导致兴趣消退。

五、创新能力

在具备创新意识后，要使创新意识真正转化为现实的创新成果，个体还必须具备一定的创新能力。个体或多或少都具有创新潜能，只要采取合适的方法，是可以大幅度增强创新能力的。

1. 创新能力的界定

创新能力指个体采用创造性思维发现问题、提出新理念或找出解决问题新方法的能力。它是个体在探索与实践的过程中，受到主观能动性的影响后取得新突破的能力。

创新能力不是一种单一能力，而是由多种思维能力综合而来的，如学习能力、分析能力、综合能力、想象能力、批判能力、创造能力、解决问题的能力、实践能力、组织协调能力及整合多种能力的能力。

2. 创新能力的培养

（1）积累知识

创新的过程不是凭空而来的，需要个体在总结前人经验的基础上，发现其中的规律性结果，并以此为基点提出新的解决思路，形成新的成果。个体应保持高度的勤奋求知精神，不断学习新知识，以适应日新月异的科学技术的变化。个体只有在良好的知识基础上不断更新自身的知识结构，对事物的认知才能更全面，思维才能更开阔，才更能激发出新的想法。

（2）培养创新性学习能力

创新性学习能力的功能在于使个体通过学习增强发现、吸收新信息和提出新问题的能力，以迎接、应对社会日新月异的变化。个体要培养创新性学习能力，应试着把学习中的"记"向"问"转化，勇于提出问题，摆脱思维定式，对问题保持敏感性和好奇心，通过运用批判性思维，形成独立的见解。

（3）锻炼创新实践技能

个体在开展创新活动时需要融合信息加工技能、动手操作技能、运用创新技术的技能等多种创新实践技能。为培养自身的创新能力，个体首先应积极参与学科实践活动（如理工科的大学生要做物理、化学等专业基础课的实验，文科的大学生要做各种调研实验，艺体专业的大学生要做设计或进行训练），努力发现并保持自己的好奇心，激发求知欲。此外，个体还要积极参与科研项目，切实锻炼创新技能。

查一查

在校期间，你的专业有哪些可以锻炼创新能力的实践项目？

_____

_____

（4）保持好奇心和主动性

好奇心包含强烈的求知欲和追根究底的探索精神，是成功创新的前提。个体要增强创新能力，就要保持好奇心，善于在自己接触到的现象，特别是在新奇的现象面前提出问题。此外，创新过程中总是要遇到困难的，由于创新或多或少都需要打破原有的平衡，不可避免地会遇到一些阻力，这就需要个体保持主动性，主动走出舒适区、打破平衡，克服重重困难。否则，如果在此过程中个体缺乏主动性，没有主动创新意识，创新就无从谈起，更说不上创新能力的提高。

（5）大胆怀疑和尝试

个体应有否定意识，能从平凡的事例中找出"裂痕"所在，找出实际和理想模式间的差距。思想敏锐的个体通常能从他人未注意到的枝节中发现十分有用的信息，并巧妙地利用这些信息推动事物的发展。

要培育创新能力，个体还要对所学习或研究的事物持怀疑态度，不要认为被人验证过的就一定是永恒的真理。怀疑是发自内在的创造潜能，它激发人们去钻研，去探索。对待所学习或研究的事物，个体应做到不盲目信任任何权威，大胆地怀疑。

创新不但需要个体付出艰苦的努力，更是一种探索、一种尝试，是一种"闯"和"试"。要增强创新能力，个体应该培养坚韧不拔、善始善终的创新精神。在校大学生可以积极参加一些竞赛活动来提升学习兴趣、增强创新潜力，培养迎难而上、开拓进取的创新精神。

自学自测

一、单选题

1. 下列关于创新的描述正确的是（　　）。

A. 创新就是科学技术上的发明创造

B. 创新是把已发明的科学技术引入企业，形成一种新的生产能力的活动

C. 发明是创新的一种形式

D. 只有被消费者接受的创新才是真正的创新

2. 以下不属于产品创新的是（　　）。

A. 增加已有产品的品种　　　　B. 形象再造

C. 重新定位老产品　　　　　　D. 降低产品的成本

3.（　　）是通过改变企业价值创造的基本逻辑，以提升用户价值和增强企业竞争力的活动。

A. 服务创新　　B. 产品创新　　C. 技术创新　　D. 商业模式创新

4. 以下不属于积极创新动机的特点的是（　　）。

A. 顺应社会需求，确定创新目标　　B. 根据盈利程度决定创新方式

C. 选择正当的实现目标的手段　　　D. 不断完善创新成果

5. 创新能力是个体采用（　　）提出新的问题及理念的一种能力。

A. 创造性思维　　　　　　　　B. 发散性思维

C. 逻辑思维　　　　　　　　　D. 逆向思维

二、多选题

1. 创新的表现形式是多种多样的，涉及企业活动的所有方面。创新根据其出现场合的不同，分为（　　）。

A. 服务创新　　B. 产品创新　　C. 技术创新

D. 商业模式创新　　E. 发明创新

2. 创新意识主要包括（　　）。

A. 创新动机　　B. 创新兴趣　　C. 创新情感

D. 创新意志　　E. 创新知识

3. 产品创新的方式包括（　　）。

A. 开发全新产品　　　　　　　B. 开发新产品线

C. 增加已有产品的品种　　　　D. 重新定位老产品

E. 降低产品的成本

4. 服务创新的途径主要有（　　　）。

A. 全面创新　　　B. 局部革新　　C. 形象再造

D. 改型变异　　　E. 外部引入

5. 创新能力的培养方式包括（　　　）。

A. 积累知识　　　　　　　　B. 培养创新性学习能力

C. 锻炼创新实践技能　　　　D. 严格按照书本操作

E. 大胆怀疑和尝试

三、判断题

1. 积累知识和经验是实现创新的基础。（　　　）

2. 创新是在现有基础上前进、突破，在某种程度上又需要对现有的发展思路、发展模式进行传承、修订、调整，甚至否定。（　　　）

3. 为尽快取得成功，个体应通过一切手段取得为社会所承认的创造成果。（　　　）

4. 商业模式创新是对企业基本经营方法进行的变革。（　　　）

5. 好奇心包含强烈的求知欲和追根究底的探索精神，是成功创新的前提。（　　　）

四、简答题

1. 简述技术创新的类型。

2. 简述创新意识的构成。

3. 简述如何培养创新意识。

4. 简述如何培养创新能力。

课中实训

实训　激发创新意识

任务 1　调查创新价值

任务描述　改革开放以来，我国科技发展日新月异，科技实力伴随经济发展同步壮大，为我国增强综合国力提供了重要支撑。学生小组上网调查"十四五"期间我国科技创新的投入有哪些，给中国制造带来了哪些成果，请将相关要点填入表 1-1。

表 1-1　我国科技创新情况调查

研究目标	研究成果
"十四五"期间我国科技创新的投入与产出情况调查	科技创新的投入：
	科技创新的产出：

任务 2　调查企业创新活动

任务描述　学生小组选取一家企业调查其一项成功的创新活动，介绍该创新活动并将相关要点填入表 1-2。

表 1-2　企业创新活动调查

研究目标	研究成果	
企业简况	企业名称： 成立时间：	主营业务： 经营规模：
创新活动的名称		
创新的类型		

续表

研究目标	研究成果
创新活动的内容	
创新活动的成果	
创新活动带来的启发	

任务 3　制订创新意识培养计划

任务描述　创新意识的培养是一个长期的过程，所以个体需要制订详细的计划以一步步实现。请结合自身的专业、爱好制订个人创新意识培养计划，将相关要点填入表 1-3。

表 1-3　个人创新意识培养计划

研究目标	研究成果
培养创新能力的目标	3 个月目标： 本年度目标： 3 年后目标：
树立问题意识	
激发创新动机	
培养创新兴趣	

复盘反思

1. 知识盘点：通过对"唤醒创新意识"项目的学习，你掌握了哪些与创新意识相关的知识？请画出思维导图。

2. 方法反思：在完成本项目学习和实训的过程中，你学会了哪些分析问题和解决问题的方法？

3. 行动影响：在完成本项目学习和实训的过程中，你认为自己还有哪些地方需要改进？

📑 **任务实施评价**

技能点评价表

使用说明　按评价指标评价项目技能点成绩，满分为 100 分。其中，作品文案占 75 分，展示陈述占 25 分。教师评价占 70%，学生互评占 30%。

技能点评价指标		分值	得分
作品文案	创新价值分析的准确性	20	
	企业创新活动调查的全面性	15	
	创新意识培养计划的目标合理性	10	
	创新意识培养计划的内容完整性	10	
	创新意识培养计划的逻辑性	10	
	内容的原创性	10	
展示陈述	演讲专业程度（包括 PPT 等辅助工具应用的熟练度）	5	
	语言技巧和非语言技巧	5	
	团队合作配合程度	10	
	时间分配	5	

素质点评价表

使用说明　按评价指标评价项目素质点成绩，优秀为 5 分，良好为 4 分，一般为 3 分，合格为 2 分，不合格为 1 分。评价分为学生自评与小组成员互评。

评价对象	素质点评价指标	得分	评价对象	素质点评价指标	得分
自评	团队协作能力		成员 2	团队协作能力	
	交流沟通能力			交流沟通能力	
	信息素养和学习能力			信息素养和学习能力	
	独立思考和创新能力			独立思考和创新能力	
成员 1	团队协作能力		成员 3	团队协作能力	
	交流沟通能力			交流沟通能力	
	信息素养和学习能力			信息素养和学习能力	
	独立思考和创新能力			独立思考和创新能力	

注：①团队协作能力，指能与小组成员合作完成项目；②交流沟通能力，指能良好地表达自己的观点，善于倾听他人的观点；③信息素养和学习能力，指善于搜集并借鉴有用的信息、好的思路和想法；④独立思考和创新能力，指能提出新的想法、建议和策略。

课后提升

案例　大胆创新：华为的成功之路

任正非说："创新虽然很难，但它是唯一的生存之路，是成功的必经之路。"

华为技术有限公司（以下简称"华为"）成立于1987年。得益于改革开放，经过30多年的拼搏努力，华为这艘大船划到了"与世界同步的起跑线"上。华为从小到大、从大到强、从国际化到全球化，就是基于成功的创新。华为将过去的成功总结为"基于客户需求的工程、技术、产品和解决方案创新的成功"。

"志存高远，从为中华崛起有所作为，到科技前沿创新奋发有为，用实力劈开全球市场。从跟踪创新到平行竞争到领跑技术，硬核科技把人人带入数字世界，用品质赢得喝彩。从通信基站到数字终端到5G时代，让品牌实现完美超越。生生不息的精神，品牌与发展信心同在，不断创新的使命，万物互联惠及大众百姓。"数据显示，华为坚持每年将10%以上的销售收入投入研究与开发，研发员工超过8万名，过去10年累计研发投入超1万亿元。仅2021年，华为的研发投入就超1400亿元。

2019年4月，华为提出将从创新1.0向创新2.0迈进，即以开放式创新、包容式发展为思想理念，以"大学合作、技术投资"为战略举措。华为提出将采取"支持大学研究、自建实验室、多路径技术投资"等多种方式实现创新2.0，把工业界的问题、学术界的思想、风险资本的信念整合起来，实现共同创新。

思考题

1. 阅读华为的创新历程，思考创新对企业发展的意义有哪些。

2. 案例中华为的创新历程给了你什么启发？

02 项目二 训练创新思维

项目二
思维导图

✖ 背景与任务

　　经过前面的训练，常小信的创新意识被成功唤醒，打算开启自己的创新之旅。可到底应从哪里下手呢？答案是从思维方式转变开始！随着科技的迅速发展和全球化的加速，传统的思维模式和方法已经不能足够应对日益复杂的问题和挑战。开启创新活动首先就要让自己突破传统思维方式的禁锢，开展创新思维。创新思维能使人们将学到的知识迁移到新的领域，从而更敏锐地发现新问题，更快、更好地找到解决问题的方法，帮助人们在复杂的环境中快速适应和创造。面对跃跃欲试的常小信，导师给他布置了两个新的任务：①了解有哪些思维定式后，尝试突破思维定式；②运用创新思维方式思考日常生活中的一件物品在使用中存在的问题，重新设计一款"完美"和一款"逆向"的物品。

✖ 学习目标

- 知识目标

1. 掌握创业思维的定义与基本特征。
2. 了解思维定式的概念、常见类型与突破方法。
3. 掌握发散思维、聚合思维、逆向思维。

- 能力目标

1. 能合理规划自我创新思维训练过程。
2. 敢于质疑，敢于向传统挑战，敢于突破创新思维障碍，从而发现问题。
3. 能灵活运用多种创新思维方式解决问题。

- 素质目标

1. 具有团队合作精神和协作能力，能够协调小组分工。
2. 具有独立思考的能力和创新意识，能够掌握相关知识点并完成项目任务。

- 价值目标

1. 具有强烈的民族自豪感，厚植爱国主义情怀，立志扎根人民、奉献国家。
2. 具有创新精神，不因循守旧，勇于独辟蹊径，树立创造性地提出问题、采用新方法解决新问题的意识。

课前自学

一、创新思维的内涵

意识是人类精神世界的最重要的特征，包括感知觉、记忆、思维等心理活动的参与，其中思维是最重要的。人的思维发展水平决定了其创造力的强弱。一个人只有突破常规思维的界限，运用创新思维，以新颖独创的方法、视角去思考和解决问题，才能提出与众不同的解决方案，从而产生新颖、独到、有社会意义的思维成果。可以说，创新思维是创造性实践的前提，也是创造力发挥的前提。

▶ 微课

创新思维
及其障碍

1. 创新思维的定义

尽管古今中外的人对创新思维都有所论述，哲学、逻辑学、心理学、脑科学和思维科学等学科对其都有研究，但人们对创新思维的界定并未达成共识。总体而言，创新思维的定义有广义和狭义之分。从广义上来讲，创新思维是指人们在解决问题的创造性活动中所开展的一切形式的思维活动的总称；而从狭义上来讲，创新思维专指除了一般思维活动之外的，与形成创新思维成果直接相关的思维活动，是以新颖独创的方法解决问题的思维过程。这种思维能突破常规思维的界限，以超常规甚至反常规的方法、视角去思考问题，提出与众不同的解决方案，从而产生新颖、独到、有社会意义的思维成果。

2. 创新思维的基本特征

（1）开拓性

创新思维是人类特有的认识世界、发现世界和改造世界的能动力量，它是人类为了满足生存和发展的需求而进行的一项开拓性的自觉活动。开拓性体现在两个方面：一方面创新思维在意识领域具有开拓性，另一方面创新思维能产生某种具有开拓性的思维成果。创新思维在意识领域中的开拓性以自觉为前提，以问题为导向，并依靠想象来实现一种有创见的创新思维活动，体现了思维的主动性和能动性。创新思维的开拓性要求人们在开展思维活动时不拘泥于原有的经验和知识，而是打破传统和习惯，不按部就班，突破原有思维的束缚，实现认识或实践的飞跃；在创新性思维过程中，思维积极活跃，从与众人、前人不同的角度提出新的问题，探索、开拓前人没有认识的新领域，运用新颖独特的途径、方法解决问题。

想一想

生活中，你遇到过哪些运用创新思维的例子？

_____

_____

（2）敏感性

人通过各种器官直接感知客观世界，而要理性地认识客观世界，就需要敏感的思维。运用创新思维进行思考的人普遍具有敏感性的特征，即能敏锐地认识客观世界的性质，敏锐地感知客观世界变化的特性。创新思维要求人在思维方法、方式、途径、程序等方面没有固定的框架，思维活动自由、跳跃，凭着灵感和直觉，以及飞跃式、突发式的形式得出答案。

（3）批判性

创新思维具有的批判性特征，是指在创新思维过程中，人们通过反思、分析问题，对既有知识、经验与思维定式进行评价性的质疑，重新做出决定并解决问题。创新思维过程包括创新性地解决问题的流程，即"否定—建构—再否定—再建构"。如果没有批判性的心态，那人类就不会进步，只能原地守旧。因此，想要拥有创新思维的人应具有开放、诚实、灵活、坚持、勤奋和专注等品质和思维习惯。

（4）综合性

创新思维的综合性主要指人们对已有思维成果的综合利用，对多种思维形式的综合运用，以及对创新思维在内外系统中的综合运用。创新是一种探索性的活动，从问题的发现、提出到成功解决，整个过程势必曲折反复，因而也一定有多种思维方式参与：既有知觉的洞察和灵感的闪现，又有想象的驰骋和类比的启迪，更不乏演绎与归纳、发散与集中、假象与试探。人们只有突破思维定式的约束，综合、灵活地运用多种创新思维，才会有非同寻常的创造。

（5）可塑性

创新思维的可塑性是指人们可以利用大脑和心理的发生、发展规律，通过环境的改善、经验的积累、后天的学习和行为的习惯化来挖掘自身蕴含的创新思维潜能，重塑创新思维。

想一想

影响创新思维的因素有哪些？你认为哪种因素的影响最大？

_____

_____

二、创新思维的障碍

没有正确的创新思维方法，个体就无法实现创新，而要训练创新思维，个体首先要突破那些妨碍其创新性地解决问题的障碍。

1. 思维定式的概念

创新思维最主要的障碍为思维定式，也称为"惯性思维"。思维定式就是根据积累的思维活动、经验教训和已有的思维规律，在反复使用中所形成的比较稳定的、定型化的思维路线、方式、程序、模式。思维定式是由个体受到的教育、人生的经历、周围人的影响等综合因素作用形成的。

思维定式对常规思维是有利的，它可使思考者在处理同类问题时少走弯路。在解决问题的过程中，人们利用处理类似问题的知识和经验来处理新问题往往非常有效。思维定式可以帮助我们解决在日常生活中碰到的 90% 以上的问题。然而，思维定式也有它的弊端，它容易使人产生思想上的惰性，从而使人养成呆板、机械、千篇一律地解决问题的习惯。当我们处理一些新情况时，特别是当新旧问题形似质异时，思维定式就会变成"思维枷锁"，阻碍我们用新观念、新方法、新思路去创造性地解决问题，使我们失去创新和发展的源泉和动力。

想一想

创新思维与思维定式是绝对对立的吗？创新思维能否完全脱离思维定式？

_____

_____

2. 思维定式的常见类型

常见的思维定式有如下 4 种类型。

① 经验定式，即不自觉地用已有的经验和某种习惯了的思维方式去思考已经变化了的问题。

② 权威定式，即对权威人士的言行有一种迷信和盲从，不假思索和不加以批判地接受权威的观点，如在学校教育中形成的教育权威，由社会分工不同和知识技能差异所导致的专业权威等。

③ 从众定式，即不假思索地盲从众人的认知与行为。有从众定式的人一般表现为大家怎样做，他就怎样做；大家怎样想，他就怎样想。

④ 书本定式，即对书本知识完全认同与盲从。书本中的知识是一种系统化、理论化的知识，是人类经验和体悟的总结。虽然读书仍然是人们获得前人间接经验的最佳方法，但很多书本知识都有滞后性。

查一查

找出一种你身边思维定式的事例，查一查这种思维定式是如何形成的。

_____

_____

3. 思维定式的突破方法

（1）培养思维独立性

我们要想突破创新思维的障碍，首先必须树立挑战思维定式的勇气与自信，勇于质疑经验、权威、众人和书本，如质疑"司空见惯""完美无缺者"，力破陈规、锐意进取，勇于向旧的习惯、传统进行挑战。

权威和理论往往给人们树起了一道难以逾越的思维屏障，从创新思维的角度来说，我们要打破这种思维屏障。我们要对权威和理论保持质疑的精神，勇敢地以质疑和批评的态度对待权威和理论，而不是盲从。

（2）拓展思维视角

追求目标要执着，但过程中所用的思维应是多向的。常规的思考都是沿着事物发展的规律进行的，这样容易找到切入点，解决问题的效率也比较高，但也往往容易陷入思维误区，制约创新发展，因此我们需要改变原有的思考方向，以获得更多的思维视角。个体要突破思维定式，应尽量多地增加头脑中的思维视角和维度，拓宽思维的广度，学会从多种角度观察同一个问题，也就是要学会对思维视角进行泛化和扩展，多角度、多侧面、多方向地看待和处理事物、问题。

☆ 创客咖啡

多向思维的方法

（1）发散机制：对同一问题可提出多种设想、答案。

（2）换元机制：灵活地变换影响事物质和量的众多因素中的某一个，从而产生新的思路。

（3）转向机制：思维在一个方向受阻后马上转向另一方向。

（4）创优机制：寻找最优答案。

想一想

分析"长江后浪推前浪"是在突破哪些思维定式。

_____

_____

三、创新思维方式

创新思维方式是人们在创新思维活动中，在自身的创新动机和环境刺激的驱动下，利用直觉和灵感等思维方式和潜意识进行思维活动，并总结、提炼出新颖性成果的思维活动能力。典型的创新思维方式有发散思维、聚合思维、逆向思维等。

▶ 微课

创新思维方式

1. 发散思维

（1）发散思维的基本概念

发散思维又称为"辐射思维""放射思维""多向思维""扩散思维""求异思维"，是指从一个目标出发，沿着各种不同的途径去思考，以探求多种答案的思维方式，如图2-1所示。发散思维是在对某一问题或事物的思考过程中，不拘泥于一点或一条线索，而是从问题或事物的特征、背景或相关的线索发散开来，尽可能地向多方向扩散，且从这种扩散的思考中求得常规的和非常规的多种解决方法的思维方式。

（2）发散思维的特点

① 流畅性。流畅性是发散思维的第一层次，反映的是个体的思维速度，体现了个体在短时间内表达较多的概念、枚举较多解决问题的方案、探索较多的可能性的能力。例如要在30秒内说出所有带"水"的汉字，说出的汉字的多少即可反映该人发散思维的流畅性。

② 变通性。变通性反映的是个体利用发散思维从不同的角

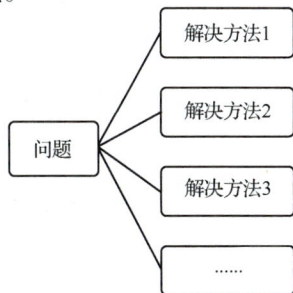

图 2-1　发散思维

度灵活考虑问题的能力。例如带"水"的汉字有上下结构、左右结构、独体字、包围结构、半包围结构，在 30 秒内说出的汉字中存在的结构类型越多，表明该人的变通性越好。

③ 新颖性。新颖性是指个体提出的观点和产生的想法的创新性，是发散思维的最高层次，也是求异的本质所在。

想一想

训练自己的发散思维应从哪些方面着手？

_____

_____

（3）发散思维的方式

一般而言，发散思维的方式主要有以下 7 种。

① 材料发散法，即把某个物品当作某种材料，以其为发散点，设想它的多种用途。

② 功能发散法，即从某事物的功能出发，构想出该功能的各种可能性。

③ 结构发散法，即以某事物的结构为发散点，设想出利用该结构的各种可能性。

④ 形态发散法，即以事物的形态为发散点，设想出利用该形态的各种可能性。

⑤ 组合发散法，即以某事物为发散点，尽可能多地把它与别的事物进行组合，以合成新事物。

⑥ 方法发散法，即以某种方法为发散点，设想出利用该方法的各种可能性。

⑦ 因果发散法，即以某个事物发展的结果为发散点，推测出造成该结果的各种原因，或者由原因推测出可能产生的各种结果。

2. 聚合思维

（1）聚合思维的基本概念

聚合思维又称"求同思维""集中思维""收敛思维"，是一种从已知信息中分析逻辑结论，从现成资料中寻求正确答案的一种有方向、有条理的思维方式。聚合思维是人们在解决问题的过程中经常用到的思维方式，如科学家进行科学实验，从已知的各种资料、数据和信息中归纳出科学的结论。

聚合思维是指在众多的信息中，向着问题的一个方向思考，根据已有的经验、知识或发散思维中针对问题的最好办法得出结论，如图 2-2 所示。与其他思维方式相比，聚合思维是一种有目的、有方向、有逻辑、有条理、有探索意义的思维方式。

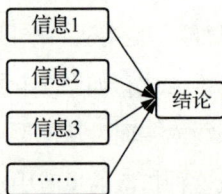

图 2-2 聚合思维

想一想

聚合思维和发散思维的区别与联系有哪些？

_____

_____

（2）聚合思维的特点

① 求同性。聚合思维是把许多发散思维的结果集合起来，从中选择一个合理的答案，通过求同找到解决问题的方法。

② 连续性。聚合思维的各种设想是环环相扣的，具有较强的连续性，先做什么、后做什么都有一定的顺序，解决问题有章法可循。

③ 求实性。解决问题的方法很多，但聚合思维选出的方法是按照实用的标准来对比、选择的，即从众多方法中挑选出一个切实可行的最佳方法。

④ 聚焦性。聚合思维要求个体始终围绕问题进行反复思考，解决问题的特定指向性非常强和纵向深度非常深。

创客咖啡

聚合思维的应用过程

（1）收集和掌握各种有关信息。采取各种方法，利用多种途径，收集和掌握与思维目标有关的信息，信息越多越好。

（2）对掌握的各种信息进行分析和筛选。对收集到的各种信息进行分析，分析出它们与思维目标的相关程度，以便把重要的信息保留下来，淘汰无关的或关系不大的信息。筛选后，还要对各种相关信息进行抽象、概括、比较、归纳，从而找出它们共同的特性和本质。

（3）客观、实事求是地得出科学结论，获得思维目标。

（3）聚合思维的方式

聚合思维的具体方式有很多，常见的有目标确定法、层层剥笋法、辏合显同法等。

① 目标确定法。首先根据需要选择既定目标，从多方面剖析问题的指向，然后由客观条件加工、分析、判断得出结论，锁定目标。

② 层层剥笋法。该方法是通过层层分析，一步一步地向问题的核心逼近，抛弃那些非本质的、繁杂的特征，以便揭示出隐蔽在事物表面现象内的深层本质。

③ 辏合显同法。该方法是把所感知到的数量有限的对象依据一定的标准"聚合"起来，寻找它们共同的规律，以推导出最终的结论。

初心茶坊

古人运用聚合思维取得的伟大成果——二十四节气

二十四节气作为我国古代订立的一种补充历法，在我国传统农耕文化中占有极其重要的位置，是我国古代劳动人民对天文、气象进行长期观察、研究的产物，其背后蕴含了中华民族深厚的文化内涵和历史积淀。二十四节气并不是凭空出现的，它是我国古人智慧的结晶。我国古人通过长期的观察、分析和探索，总结出了被誉为"中国第五大发明"的二十四节气。

3. 逆向思维

（1）逆向思维的基本概念

逆向思维也称"求异思维"，它是反过来思考司空见惯的似乎已成定论的事物或观点的一种思维方式。由于受已有经验的影响，人们容易看到问题熟悉的一面，而难以发现其另一面。逆向是与正向比较而言的，正向是指常规、常识、公认或习惯的想法与做法。循规蹈矩的思维方式和按传统方式解决问题虽然简单，但容易使思路僵化、刻板，让人摆脱不掉习惯的束缚，最终得到的往往是一些司空见惯的答案。

逆向思维是对传统、惯例、常识的"反叛"，是对常规的挑战。它能够克服思维定式，破除由经验和习惯造成的僵化的认识模式，往往能出人意料，给人耳目一新的感觉。

想一想

试举出一两个学习、生活中运用逆向思维解决问题的例子。

_____

_____

（2）逆向思维的特点

① 普遍性。逆向思维在各个领域、各种活动中都适用，其形式也是多种多样的，具有普遍性。

② 批判性。逆向思维要求人们以反传统、反常规、反定式的方式提出问题、思考问题、解决问题，从一个方面想到与之对立的另一方面。

③ 新奇性。逆向思维要求人们从平时不注意、不熟悉的方面入手进行思索，寻求解决问题的答案，所以结果显然是人们所不能预料的。它不仅拓展了人们的思路，而且容易创造出新的成果。

（3）逆向思维的方式

① 转换型逆向思考，即将问题转换成另一种手段或思考角度，以使问题顺利解决，如软与硬、高与低等性质上的转换，上与下、左与右等结构、位置上的互换、颠倒。

② 反转型逆向思考，即从已知事物的相反方向进行思考，以产生新构思，如气态变液态或液态变气态、电转为磁或磁转为电等。

初心茶坊

转换型逆向思考

初心茶坊

反转型逆向思考

查一查

我国传统文化中还有哪些成功运用了逆向思维的案例？

_____

_____

③ 缺点逆向思考，即利用事物的缺点，将缺点变为可利用的东西，将缺点变为优点，以此找到解决方法。

自学自测

一、单选题

1. 创新思维是人类特有的认识世界、发现世界和改造世界的能动力量，它是人类为了满足生存和发展的需求而进行的一项（　　）的自觉活动。

　A．开拓性　　　　　　　B．敏感性

　C．批判性　　　　　　　D．综合性

2. 创新思维最主要的障碍为（　　）。

　A．思维发散　　　　　　B．思维敏感

　C．思维定式　　　　　　D．思维聚合

3. （　　）是指从一个目标出发，沿着各种不同的途径去思考，以探求多种答案的思维方式。

　A．发散思维　　　　　　B．逆向敏感

　C．惯性思维　　　　　　D．聚合思维

4. 以下不属于聚合思维的方式的是（　　）。

　A．目标确定法　　　　　B．层层剥笋法

　C．辏合显同法　　　　　D．因果发散法

5. 从已知事物的相反方向进行思考，以产生新构思，这属于（　　）的方式。

　A．发散思维　　　　　　B．逆向思维

　C．惯性思维　　　　　　D．聚合思维

二、多选题

1. 创新思维的基本特征包括（　　）。

　A．开拓性　　　　　B．敏感性　　　　　C．批判性

　D．综合性　　　　　E．可塑性

2. 思维定式的常见类型包括（　　）。

　A．经验定式　　　　B．权威定式　　　　C．发散定式

　D．从众定式　　　　E．书本定式

3. 发散思维的特点包括（　　）。

　A．敏感性　　　　　B．新颖性　　　　　C．流畅性

　D．变通性　　　　　E．可塑性

4. 聚合思维的特点包括（　　）。

　A．求同性　　　　　B．连续性　　　　　C．求实性

D．聚焦性 　　　　　　　E．流畅性

5．逆向思维的特点包括（　　）。

A．发散性 　　　　　　B．普遍性 　　　　　　C．新奇性

D．批判性 　　　　　　E．流畅性

三、判断题

1．从广义上来讲，创新思维是指人们在解决问题的创造性活动中所开展的一切形式的思维活动的总称。　　　　　　　　　　　　　　　　　　　　　　　　　（　　）

2．运用创新思维进行思考的人普遍能敏锐地认识客观世界的性质，敏锐地感知客观世界变化的特性。　　　　　　　　　　　　　　　　　　　　　　　　　　（　　）

四、简答题

1．简述创新思维的基本特征。

2．简述突破思维定式的方法。

3．典型的创新思维方式有哪些?

课中实训

实训一 突破思维定式

任务 1 体验思维定式

任务描述 学生小组根据思维定式的界定，尝试分析并归类整理自己的生活、学习中存在的事例，要求每种思维定式类型至少举出一个事例。请将研究成果做成展示 PPT，并将要点记录在表 2-1 中。

表 2-1 思维定式体验总结

研究目标	研究结果		
思维定式事例 1	名称		所属类型	☐ 从众定式 ☐ 书本定式 ☐ 经验定式 ☐ 权威定式
	主要表现			
思维定式事例 2	名称		所属类型	☐ 从众定式 ☐ 书本定式 ☐ 经验定式 ☐ 权威定式
	主要表现			
思维定式事例 3	名称		所属类型	☐ 从众定式 ☐ 书本定式 ☐ 经验定式 ☐ 权威定式
	主要表现			
思维定式事例 4	名称		所属类型	☐ 从众定式 ☐ 书本定式 ☐ 经验定式 ☐ 权威定式
	主要表现			
体验总结与反思			

任务 2 突破从众定式

任务描述 学生小组根据从众定式的特点，针对任务 1 中列出的从众定式事例，商讨、拟定突破方法并详细列出突破步骤。请将研究成果做成展示 PPT，并将要点记录在表 2-2 中。

表 2-2 从众定式突破总结

研究目标	研究结果
突破方法	
具体实施步骤	
实施结果	
总结与反思	

任务 3 突破书本定式

任务描述 学生小组根据书本定式的特点，针对任务 1 中列出的书本定式事例，商讨、拟定突破方法并详细列出突破步骤。请将研究成果做成展示 PPT，并将要点记录在表 2-3 中。

表 2-3 书本定式突破总结

研究目标	研究结果
突破方法	
具体实施步骤	
实施结果	
总结与反思	

任务 4 突破经验定式

任务描述 学生小组根据经验定式的特点，针对任务 1 中列出的经验定式事例，商讨、拟定突破方法并详细列出突破步骤。请将研究成果做成展示 PPT，并将要点记录在表 2-4 中。

表 2-4 经验定式突破总结

研究目标	研究结果
突破方法	
具体实施步骤	
实施结果	
总结与反思	

任务 5 突破权威定式

任务描述 学生小组根据权威定式的特点，针对任务 1 中列出的权威定式事例，商讨、拟定突破方法并详细列出突破步骤。请将研究成果做成展示 PPT，并将要点记录在表 2-5 中。

表 2-5 权威定式突破总结

研究目标	研究结果
突破方法	
具体实施步骤	
实施结果	
总结与反思	

实训二　训练创新思维方式

任务 1　训练发散思维

任务描述　学生小组运用发散思维，讨论现有书包在使用中存在的主要问题，思考解决方案。请将研究成果做成展示 PPT，并将要点记录在表 2-6 中。

表 2-6　发散思维训练总结

研究目标	研究结果
现有书包存在的 主要问题	
解决方案	
发散思维应用 总结与反思	

任务 2　训练聚合思维

任务描述　学生小组针对任务 1 列出的现有书包在使用中存在的主要问题，运用聚合思维构思、设计一款"完美"书包，描述其初步原型。请将研究成果做成展示 PPT，并将要点记录在表 2-7 中。

表 2-7　聚合思维训练总结

研究目标	研究结果
"完美"书包 设计介绍	
"完美"书包的 初步原型	
聚合思维应用 总结与反思	

任务 3　训练逆向思维

任务描述　学生小组针对任务 1 列出的现有书包在使用中存在的主要问题，运用逆向思维设计一款"逆向"书包。请将研究成果做成展示 PPT，并将要点记录在表 2-8 中。

表 2-8　逆向思维训练总结

研究目标	研究结果		
"逆向"书包的逆向元素介绍			
例：逆向元素 *	开口方向	针对问题 *	拿取底部物品不方便
原方案	顶端开口	逆向方案	底端增加开口
逆向元素		针对问题 1	
原方案		逆向方案	
逆向元素		针对问题 2	
原方案		逆向方案	
逆向元素		针对问题 3	
原方案		逆向方案	
"逆向"书包的初步原型			
逆向思维应用总结与反思			

1．知识盘点：通过对"训练创新思维"这一项目的学习，你掌握了哪些创新思维方面的知识？请画出思维导图。

2．方法反思：在完成本项目学习和实训的过程中，你学会了哪些分析问题和解决问题的方法？

3．行动影响：在完成本项目学习和实训的过程中，你认为自己还有哪些地方需要改进？

📋 任务实施评价

技能点评价表

使用说明 按评价指标评价项目技能点成绩，满分为 100 分。其中，作品文案占 75 分，展示陈述占 25 分。教师评价占 70%，学生互评占 30%。

技能点评价指标		分值	得分
作品文案	对思维定式理解的准确性	10	
	对思维定式突破方法设计的准确性	10	
	对创新思维理解的准确性	10	
	对发散思维应用的准确性	15	
	对聚合思维应用的准确性	15	
	对逆向思维应用的准确性	15	
展示陈述	演讲专业程度（包括 PPT 等辅助工具应用的熟练度）	5	
	语言技巧和非语言技巧	5	
	团队合作配合程度	10	
	时间分配	5	

素质点评价表

使用说明 按评价指标评价项目素质点成绩，优秀为 5 分，良好为 4 分，一般为 3 分，合格为 2 分，不合格为 1 分。评价分为学生自评与小组成员互评。

评价对象	素质点评价指标	得分	评价对象	素质点评价指标	得分
自评	团队协作能力		成员 2	团队协作能力	
	交流沟通能力			交流沟通能力	
	信息素养和学习能力			信息素养和学习能力	
	独立思考和创新能力			独立思考和创新能力	
成员 1	团队协作能力		成员 3	团队协作能力	
	交流沟通能力			交流沟通能力	
	信息素养和学习能力			信息素养和学习能力	
	独立思考和创新能力			独立思考和创新能力	

注：①团队协作能力，指能与小组成员合作完成项目；②交流沟通能力，指能良好地表达自己的观点，善于倾听他人的观点；③信息素养和学习能力，指善于搜集并借鉴有用的信息、好的思路和想法；④独立思考和创新能力，指能提出新的想法、建议和策略。

课后提升

案例　曲别针的 3 万种用途

在一次有许多中外学者参加的关于如何开发创造力的研讨会上，日本创造力研究专家村上幸雄应邀出席。村上幸雄捧来一把曲别针（回形针），问谁能打破条条框框，说出这些曲别针的更多用途。片刻，一些代表七嘴八舌，说出了可以别胸卡、挂日历、别文件，挂窗帘、钉书本等几十种用途。但村上幸雄则归纳出了 3000 种。

人们惊异，不由得佩服他敏捷的思维。然而，一个叫许国泰的中国人，指出曲别针的用途是村上幸雄归纳出的用途的 10 倍，达到 3 万种。大家认为他是吹牛。于是，许国泰边板书边说："大家对村上幸雄讲的用途可用 4 个字概括，这就是钩、挂、别、联。要启发思路，使思维突破这种格局。"

接着，许国泰把曲别针的个体信息分解为重量、体积、长度、截面、弹性等 10 多个要素，用一根线连接起来，形成信息标 x 轴；然后再把与曲别针有关的人类实践活动进行要素分解，形成另一根信息标 y 轴。两轴延伸垂直相交，形成信息反应场，使两轴各点上的信息依次"相交"，即可达成"信息交合"。

如此一来，曲别针马上变成了孙悟空手中的"金箍棒"：y 轴上的"数学"点与 x 轴上的"材质"点相交，曲别针就可变成 1，2，3，4，5，6，7，8，9，0，+，-，×，÷，=。世界上有算不完的数学题和数不完的数字，曲别针都能代替它们。

y 轴上的"文字"点与 x 轴上的"材质"点相交，曲别针就变成 A、B、C、D……英文大辞典里有多少字、词，曲别针便可代替它们的多少种用途。

y 轴上的"音乐"点与 x 轴上的"材质"点相交，则世界上有多少支乐曲，曲别针皆可替代。

曲别针还可以与硫酸反应生成氢气；可以做指南针；曲别针由铁元素构成，可用不同比例与几十种金属元素分别化合，生成的化合物有成千上万种……

一个简简单单的曲别针，其用途竟达到不可思议的 3 万种！许国泰有力地粉碎了线性、封闭和僵化的思维模式，生动地展示了创新思维的强大作用。

思考题

1. 阅读上述案例，想一想许国泰使用的是哪种创新思维方式。

2. 请结合自己的专业，思考如何系统规划自身的创新思维训练过程。

03
项目三　开启创新活动

项目三
思维导图

⚒ 背景与任务

　　经过前面的训练，常小信的思维被打开，他开启创新活动的信念更加坚定。导师进一步指点道："创新有一定的规律可循，创新技法可以帮助我们快速实现创新。随着人工智能、大数据、5G 等新一代信息技术的迅速发展，产品的更新换代也越来越快，创新技法在推动科技进步、产品创新升级的过程中发挥了重要的作用。"应用创新技法既可直接创造出创新成果，又可进一步训练人们的创新思维，提高人们的创新能力。面对跃跃欲试的常小信，导师很快给他布置了新的任务：①选定一种产品（服务），巧用一种典型的创新技法设计出一种创新产品（服务）；②为前述新设计出的产品（服务）设计创新成果保护方案。

⚒ 学习目标

- 知识目标

1. 了解创新技法的定义与类型。
2. 熟悉检核表法等典型创新技法的应用。
3. 了解创新成果的保护策略。

- 能力目标

1. 能初步尝试应用创新技法。
2. 能根据所学知识恰当选择创新成果的保护策略。

- 素质目标

1. 具有自主学习、自觉学习和自主进行课题研究的能力。
2. 具备良好的社会活动能力、参与和组织集体活动的能力、社交能力和沟通能力。

- 价值目标

1. 增强社会主义法治意识，体会法律的严肃和公正。
2. 增强保护知识产权的权利义务观念，掌握有效的维权方法。

课前自学

一、创新技法的内涵

在解决科学研究、工程实践、社会工作和日常生活中的问题的过程中，人们总结出一些具有普遍规律的技巧和方法——创新技法。在创新活动中，我们恰当地运用创新技法可以取得事半功倍的效果。

微课
创新技法

1. 创新技法的定义

创新技法是人们根据创新思维的发展规律及大量成功的创新实例，归纳出的一些具有普遍规律的技巧和方法。创新技法是建立在认识规律基础上的创造学理论和创新方法论，可以直接指导人们开展创新活动，对增强创造、创新能力有显著作用。

创客咖啡
创新技法的由来

2. 创新技法的类型

在实践中，人们先后总结出的创新技法多达数百种，常用的创新技法如表 3-1 所示。不同的创新技法在不同创新领域的应用方式各异，相同的创新技法可以解决同一问题的不同环节，相同的问题也可用不同的创新技法来解决。

表 3-1　常用的创新技法

类型	代表性创新技法
设问法	检核表法、和田十二法、5W2H 法
组合法	组合型技法、信息交合法、形态分析法、焦点法
列举法	缺点列举法、希望点列举法、特性列举法
程序化方法	TRIZ 理论
联想移植法	类比法、综摄法、移植法
逆向法	逆向反转法、缺点逆用法、问题逆转法
集智类	头脑风暴法、三菱式智力激励法、卡片式智力激励法、德尔菲法

二、典型的创新技法

在实践中，人们先后总结出了多种创新技法，其中典型的有检核表法、组合法、概念扇法、头脑风暴法等。

1. 检核表法

检核表法也叫奥斯本检核表法，是一种由美国创造学家奥斯本率先提出的，要求人们在考虑某一个问题时，先制成一览表，对每个项目逐一进行检查，以避免遗漏要点，以此获得结论的创新技法。检核表法的特点在于强制人去思考，有利于突破一些人不愿提问或不善于提问的心理障碍。提问，尤其是提出有创见的新问题本身就是一种创新。检核表法是一种多向发散的思考方式，使人的思维角度、思维目标更丰富。另外，检核思考提供了创新活动最基本的思路，可以使创新者尽快集中精力，朝提示的目标方向去构想、创造、创新。该法几乎适用于任何类型和场合的创新活动，因此被称为"创新技法之母"。

检核表法要求使用者根据需要解决的问题或需要创造发明的对象，列出有关的问题，如表 3-2 所示，然后逐个核对、讨论，以期引发新的创造性设想。

表 3-2　检核表法的检核内容

序号	检核项目	检核内容
1	能否他用	现有的东西（如发明、材料、方法等）有无其他新的用途？是否有新的使用方式？可否改变现有的使用方式？
2	能否借用	能否从别处得到启发？能否借用别处的经验或发明？外界有无相似的想法，能否借鉴？过去有无类似的东西？有什么东西可供模仿？谁的东西可供模仿？现有的发明能否引入其他的创造性设想之中？
3	能否改变	现有的东西是否可以做某些改变？改变一下会怎么样？可否改变形状、颜色、声音、味道、外观、意义、型号、模具、运动形式等？
4	能否扩大	现有的东西能否扩大使用范围？能不能增加新成分？可否增加频率、添加部件、延长时间、增加尺寸、提高强度、延长使用寿命、提高价值、加快转速等？
5	能否缩小	现有的东西可否减少些什么？能否缩小体积、减轻重量、降低高度、压缩、变薄、变窄等？
6	能否代用	可否由别的人（或东西）代替？能否用别的材料、零件、方法、工艺、能源、地点等代替？
7	能否调整	能否更换先后顺序？有无可互换的元件、部件？可否变换模式、布置顺序、操作工序、因果关系、速度或频率、工作规范等？
8	能否颠倒	可否颠倒正反、头尾、上下、正负、位置、作用等？
9	能否组合	能否重新组合？能否装配成一个系统？能否把目的进行组合？能否将各种想法进行综合？能否把各种部件进行组合？可否混合、合成、配合、协调、配套？可否分别把物品、目的、特性、观念组合？

检核表法的核心是改进，即通过变化来改进。其基本做法是，首先选定一个需要改进的产品或方案；接着，面对一个需要改进的产品或方案，或者面对一个问题，利用检核表（见表 3-3）提出一系列的问题，并由此产生大量的思路；最后再进行筛选和进一步思考、完善。

⚝ 创客咖啡

检核表应用案例

表3-3　手电筒的创造性设想

序号	检核项目	创造性设想
1	能否他用	其他用途：信号灯、装饰灯
2	能否借用	增加功能：加大反光罩，增加灯泡亮度
3	能否改变	改一改：改灯罩、改小电珠和用彩色电珠等
4	能否扩大	延长使用寿命：使用节电、降压开关
5	能否缩小	缩小体积：5号电池→7号电池→纽扣电池
6	能否代用	代用：用发光二极管代替小电珠
7	能否调整	换型号：两节电池直挂、横挂
8	能否颠倒	反过来想：不用干电池，用磁电机发电
9	能否组合	与其他组合：带手电筒的收音机、手机等

想一想

检核表法存在哪些优点和缺点？

_____

_____

2. 组合法

组合思维又称"连接思维"或"合向思维"，是把多项貌似不相关的事物通过想象加以连接，从而使之变成彼此不可分割新的整体的一种创新技法。组合法将两个看似不相干的事物进行组合，从而使整体具有单个事物所不具备的新特质，增加新的功能。组合法有以下6种类型。

（1）同类组合。同类组合是指将若干相同事物进行组合。组合对象的基本原理和结构在组合前后一般没有发生根本的变化，其组合往往具有对称性或一致性的趋向，如双向拉锁、多层文具盒等。

（2）异类组合。异类组合是指将两种或两种以上不同领域的技术思想进行组合，或者将两种或两种以上不同功能的物质产品进行组合。组合对象（技术思想或物质产品）来自不同的方面，一般无主次关系，从意义、原子、构造、成分、功能等任一方面或多方面互相渗透，整体变化显著。异类组合是异类求同的创新，创新性很强，如沙发床、带牙膏的牙刷等。

想一想

市场上的多功能文具盒采用的是哪类组合法？还可以组合哪些新功能？

_____

_____

（3）重组组合。重组组合是指在事物的不同层次分解原来的组合，然后再按照新的目标重新组合的创新技法。重组作为手段，可以更有效地挖掘和发挥现有技术的潜力，如电冰箱冷冻室与冷藏室布局的重新组合、组合式家具等。

（4）共享组合与补代组合。共享组合是指把某一事物中具有相同功能的要素组合到一起，从而达到共享的目的，如吹风机、卷发器、梳子共用同一带插销的手柄。补代组合是指通过对某一事物的要素进行摒弃、补充和替代，形成一种在性能上更为先进、新颖、实用的新事物，如将拨号式电话改为键盘式电话、用银行卡代替存折等。

（5）概念组合。概念组合就是词类或命题的组合，如绿色食品、阳光录取、音乐餐厅等。

（6）综合。综合是为了完成重大课题，在已有的学科、原理、方法、技术不能解决问题时，创造出新的学科、新的原理、新的方法和新的技术，并对其进行重新组织和安排的思维过程。

需要注意的是，组合可以使产品具有不同的功能，成为多功能、通用型产品，但过分追求万能也会有成本增加、制造困难、功能浪费等弊端，因此选择组合要素的量要适度。

3. 概念扇法

概念扇是寻找问题解决方案的一个系统性的框架，它能帮助我们找出尽可能多的备选方案。这个框架通过将具体的问题概念化，采取逐步后退的方式，从水平方向寻找同一问题的不同解决方案。在实际生活中，为了实现一个目标，我们往往首先想到的就是一个具体的"点子"，而通过扩展这个"点子"可以引出更多主意，即从这个"点子"出发，采取逐步后退或概念化的方式将解决方案分解成多个层次，然后再横向移到别的方向上进一步逐层细化，这样就能找出所有的方案。

概念扇从高到低有 3 个层次：①方向，即最宽泛的概念；②概念，即做事情的一般方法或方式；③主意，即将某一概念付诸实践的特定的具体方法。主意必须是具体的，必须具有直接付诸实践的可行性。在实践中，概念扇中的方向和主意之间有时候存在很多层次。方向总是最宽泛的概念，而主意总是做某事的具体方法，存在于这两者之间的就是概念。概念与方向的区别是相对的：方向只是你能想到的最宽泛的概念。如果你还能想出更宽泛的概念，那么那个概念就成了方向。

概念扇的制作过程如下。

① 主意→概念：向上追溯（抽象化），"这个主意有什么帮助？"

② 概念→方向：向上追溯（抽象化），"这个概念有什么帮助？"

③ 概念→主意：向下追问（具体化），"怎样来实现这个概念？"

④ 方向→概念：向下追问（具体化），"怎样来实现这个方向？"

大学生创新创业基础与实践（慕课版 第2版）

⭐ 创客咖啡

用概念扇法解决城市交通拥堵问题

城市交通拥堵问题是一个日常问题，无论是谁看到这个问题都会有些想法。你可能会迅速想到一些方法，如在家办公、错开高峰期上班、减少外出、加宽道路，或者一些指导性原则，如减轻交通压力、提高交通效率等。这些方法中既有主意，如在家办公，又有概念，如减少外出。

假如你的想法有3个：主意——在家办公（具体可行的方法）；概念——降低高峰期出现的概率（主意的直接目的或直接方法等同于概念）；方向——减少出行车数量（最宽泛的概念等同于方向）。接下来，运用概念扇法解决该问题。

第一步，从主意出发。"在家办公"是一个主意，它的直接目的是什么呢（抽象）？答案是"减少外出需求"。那减少外出需求又有什么意义呢（继续抽象）？可以减轻交通压力。总结如下。

主意：在家办公→概念：减少外出需求→方向：减轻交通压力。

第二步，从概念出发。"降低高峰期出现的概率"是一个概念，对它的抽象可以是"使现有道路通畅"。而实现它的方法也不少，错开工作时间就不失为一种方式。总结如下。

① 概念：降低高峰期出现的概率→方向：使现有道路畅通。

② 概念：降低高峰期出现的概率→主意：错开工作时间。

第三步，从方向出发。"减少出行车数量"是个大方向，如何实现它呢（具体化）？一个想法是"提高人均用车密度"。怎样来实现？例如，鼓励使用公交出行。总结如下。

方向：减少出行车数量→概念：提高人均用车密度→主意：发展公交。

第四步，将已列出的主意、概念、方向、目标分别填入概念扇。

第五步，按主意、概念、方向逐层横向细化，找出尽可能多的方法。

第六步，将所有列出的这些主意、概念、方向填入概念扇，如图3-1所示。

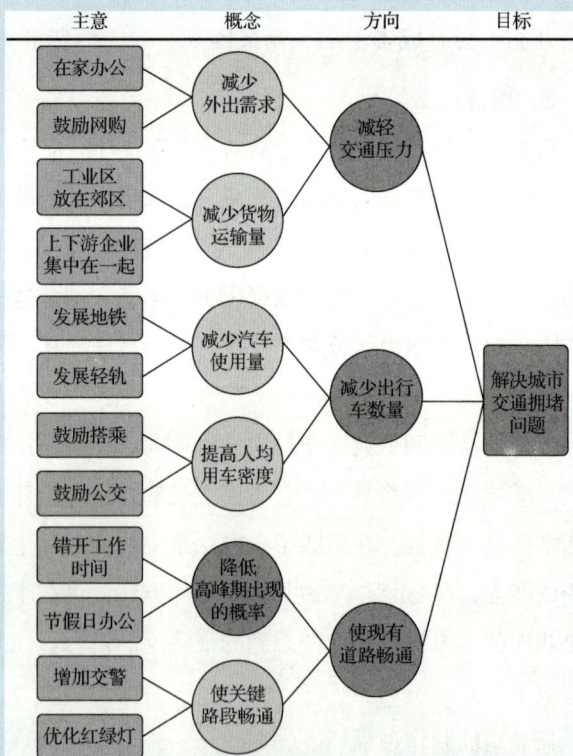

图 3-1 解决城市交通拥堵问题的概念扇

（资料来源：能力帮）

想一想

如何运用概念扇法设计一种面向封闭式管理学校的大学生的订餐服务？

_____

_____

4. 头脑风暴法

在群体决策中，群体成员由于心理上的相互作用、影响，易屈于权威或大多数人的意见，形成所谓的"群体思维"。群体思维削弱了群体的批判精神和创造力，损害了决策的质量。头脑风暴法是一种保证群体决策的创造性、提高群体决策质量的典型创新技法。

头脑风暴法又称"智力激励法""自由思考法""畅谈法""畅谈会""集思法"，是指群体成员在正常、融洽和不受任何限制的气氛中以会议形式进行讨论、座谈，打破常规，积极思考，畅所欲言，充分发表看法。

头脑风暴一般以会议的形式进行。头脑风暴的会议可以分为两种类型，一种为设想开发型，此类会议主要是为获取大量的设想、为课题寻找多种解题思路而召开的，要求与会者善于想象，语言表达能力强；另一种为设想论证型，此类会议是为将众多的设想归纳、转换成实用型方案而召开的，要求与会者善于归纳、分析、判断。

头脑风暴的实施大致可分以下 6 个阶段。

（1）会前准备阶段。落实与会者、主持人和课题任务，必要时可进行柔性训练。负责人应事先对所议问题进行一定的研究，弄清问题的实质，找到问题的关键，设定解决问题所要实现的目标。同时，负责人还要选定与会者，然后将会议的召开时间和地点、所要解决的问题、可供参考的资料和设想、需要实现的目标等一并提前通知与会者，让大家做好充分的准备。

（2）热身阶段。这个阶段的目的是创造一种自由、宽松、祥和的氛围，使与会者得以放松，进入一种无拘无束的状态。主持人在宣布会议开始后，先说明会议的规则，然后随便谈点有趣的话题或问题，让大家的思维处于轻松和活跃的状态。

（3）第一波设想阶段。主持人公布会议主题并介绍与主题相关的参考情况；与会者突破思维惯性，大胆进行联想；主持人控制好时间，力争在有限的时间内获得尽可能多的创造性设想。在此阶段，主持人在介绍时要简明扼要，不可过分周全，以免过多的信息限制与会者的思维和想象力。

（4）设想整理阶段。设想一般分为实用型和幻想型两类。前者指通过目前的技术工艺可以实现的设想，后者指通过目前的技术工艺还不能实现的设想。经过一番讨论后，大家对问题已经有了较深的理解。这时，为了使大家从新角度、用新思维表述问题，主持人或记录员要记录大家的设想，并对设想进行整理，通过整理设想，找出富有创意的见解及具有启发性的表述，供下一阶段参考。

（5）第二波设想阶段——畅谈阶段。该阶段主要围绕整理后的设想进一步展开畅谈，一般

创客咖啡

头脑风暴的
会前准备内容

包括两大方面的内容：①完善实用型设想，即对实用型设想，再用头脑风暴法进行论证、二次开发，进一步扩大设想的实现范围；②幻想型设想再开发，即对幻想型设想，再用头脑风暴法进行开发，就有可能将萌芽的创意转化为成熟的实用型设想。

（6）设想筛选阶段。这是运用头脑风暴法的一个关键步骤，也是体现该方法质量高低的明显标志。一般在会议结束后的 1 ～ 2 天内，主持人应向与会者了解大家在会后的新设想，以补充会议记录，然后将大家的设想整理成若干方案，再根据标准进行筛选，经过多次反复比较和优中择优，最后确定最佳方案。这个最佳方案往往是多种创造性设想的优势组合，是大家的集体智慧综合作用的结果。

想一想

头脑风暴法的适用范围有哪些？它的成功要点是什么？

_____

_____

三、创新成果的界定

创新成果是指个人或组织开展的创新活动取得的成果，它是人们在社会实践中创造出来的智力劳动成果。创新成果的典型形式有企业开发的新产品、新技术和新的生产方法等。受法律保护的创新成果必须具备以下四大基本特征。

（1）新颖性。创新成果是个人或组织通过创新活动对事物的整体或部分进行变革后所取得的与众不同、与以往不同的新颖性成果。它所体现的技术思想、技术解决方案能使某一领域的技术实现质的飞跃，可见它具有独创性，与其他成果相比具有显著的区别。

（2）非物质性。创新成果是一种非物质的知识形态的劳动产品。创新主体对创新成果的占有不是具体、实在的控制，而是表现为认识和利用。创新成果总要以一定的形式表现出来，如文学作品表现为小说、诗歌、散文等，商标表现为一定的文字、图形或其组合。

（3）公开性。除商业秘密外的创新成果，创新主体要想取得对该创新成果的专有权或专用权，就必须向社会公开该创新成果。例如，为将创新成果申报为专利产品，创造者就必须公告申请专利的发明创造的全部构思和技术方案，商标权申请者必须公开使用自己的商标，著作权申请人必须公开发表自己的作品。

（4）价值性。创新成果能为持有者带来实际的或潜在的经济价值或竞争优势，如使用该成果能使持有者的生产经营成本降低、产品质量提高、劳动生产率提高等。

四、创新成果的保护策略

在我国，保护创新成果主要采用的是知识产权的形式。各种创新，例如发明、外观设计、文学和艺术作品，以及在商业中使用的标志、名称、图像，都可被认为是某一个人或组织所拥有的知识产权。我国的相关法律赋予了符合条

创客咖啡

头脑风暴畅谈规则

微课

创新成果的保护策略

件的著作者及发明者或成果拥有者在一定期限内享有独占权利。

📖 初心茶坊

我国的知识产权法律保护体系

（1）知识产权法律：如《著作权法》《专利法》《商标法》。

（2）知识产权行政法规：主要有《著作权法实施条例》《计算机软件保护条例》《专利法实施细则》《商标法实施条例》《知识产权海关保护条例》《植物新品种保护条例》《集成电路布图设计保护条例》等。

（3）知识产权地方性法规、自治条例和单行条例：如《深圳经济特区企业技术秘密保护条例》。

（4）知识产权行政规章：如《关于禁止侵犯商业秘密行为的若干规定》。

（5）知识产权司法解释：如《最高人民法院关于审理专利纠纷案件适用法律问题的若干规定》《最高人民法院关于诉前停止侵犯注册商标专用权行为和保全证据适用法律问题的解释》。

（6）国际条约：我国在制定国内知识产权法律法规的同时，也加强了与世界各国在知识产权领域的交往与合作，加入了十多项有关知识产权保护的国际公约，主要有《与贸易有关的知识产权协定》（TRIPS协定）、《保护工业产权巴黎公约》《保护文学和艺术作品伯尔尼公约》《世界版权公约》《商标国际注册马德里协定》《专利合作条约》等。

想一想

我们为什么要保护创新成果？如果不保护创新成果会产生哪些后果？

_____

_____

为了保障自身的市场竞争力，创新主体应根据行业特点、自身的研发动态、市场经营战略和法律依据等综合考虑、确定对创新成果的保护策略。根据对相关信息公开程度的要求，创新成果的保护策略大体可分为申请专利、商标权、著作权保护的公开保护策略和采用商业秘密保护的保密保护策略等。

1. 公开保护策略

创新主体在有了发明创造后，可以通过申请专利来保护自己的合法权利。但是在申请专利前，需要先做出综合分析，之后才能决定是否需要申请专利。总体而言，创新成果是易于被竞争对手破解的，一般应采用申请专利、著作权的方式加以保护，而对于难以被竞争对手破解和模仿的创新成果，则可以考虑采用商业秘密的方式加以保护。例如，机械类或电子类的发明创造，由于他人通过"解剖"产品就可以得知发明创造的结构，通常是需要申请专利的；个人或组织开发的软件，可以通过登记计算机软件著作权的方式加以保护；而对于化学类和方法类的创新成果，创新主体可根据能否保密来决定是否申请专利。

查一查

哪些作品能登记计算机软件著作权？

_____

_____

2. 保密保护策略

商业秘密作为知识产权的一部分，受到了我国法律的保护。对于某些不属于专利保护对象的经营信息或在较长时间内难以被模仿或破解的技术信息，创新主体可以考虑采用商业秘密的形式加以保护。在激烈的市场竞争中，任何一家企业在生产经营方面的商业秘密都十分重要。创新主体可综合考虑技术信息需要受保护的地域范围、市场竞争状况等因素，依法采用商业秘密的形式加以保护。

根据《反不正当竞争法》，商业秘密是指不为公众所知悉、具有商业价值并经权利人采取相应保密措施的技术信息、经营信息等商业信息。其中，"技术信息"通常包括技术诀窍、工艺流程、生产配方、设计图纸等；"经营信息"是指技术信息以外的、能够给权利人带来竞争优势的用于经营的信息，比较常见的是客户名单、管理方法、产销策略、货源情报等。

> 初心茶坊
>
> 《反不正当竞争法》对商业秘密的保护

查一查

我国还有哪些法律也在保护商业秘密？

_____

_____

此外，如果上述两种方式在单独实施的情况下，都不能为企业实现利益最大化，那么可考虑通过采取多种保护方式相结合的综合保护方式，如技术信息中部分用专利保护，而某些能保密的内容采用商业秘密来保护，从而实现利益最大化。

五、创新成果的公开保护方式

我国创新成果的公开保护方式包括专利申请、计算机软件著作权申请、商标注册等。为保障创新成果能够切实得到有效保护并实现最大收益，创新成果所有人需要综合考虑法律规定、技术特点、自身状况、技术的市场前景等多方面的要素加以决策。

1. 专利申请

创新成果需申请专利的应由申请人向政府主管部门——国家知识产权局提出专利申请，经依法审查批准后，才能取得专利权。在我国，专利分为发明专利、实用新型专利和外观设计专利3种，分别有不同的申请流程，大体流程如图3-2所示。

（1）发明专利的申请

发明是指对产品、方法或其改进所提出的新的技术方案。一般来说，在进行技术开发、新产品研制过程中取得的成果，因其技术水平较高，都应申请发明专利。申请发明专利的技术可以是给某一学科或某一技术领域带来革命性变化的开拓型或开创型发明，也可以是在现有技术基础上做了局部的改进和发展的改进型发明。

发明专利申请的审批流程包括：专利申请→受理→初审→公布→实质审查请求→实质审查→授权。

（2）实用新型专利的申请

实用新型是指对产品的形状、构造或者其结合所提出的适于实用的新的技术方案。《专利法》对实用新型的创造性和技术水平要求较发明专利低，但实用新型的实用价值高，在这个意义上，实用新型有时会被人们称为小发明或小专利。

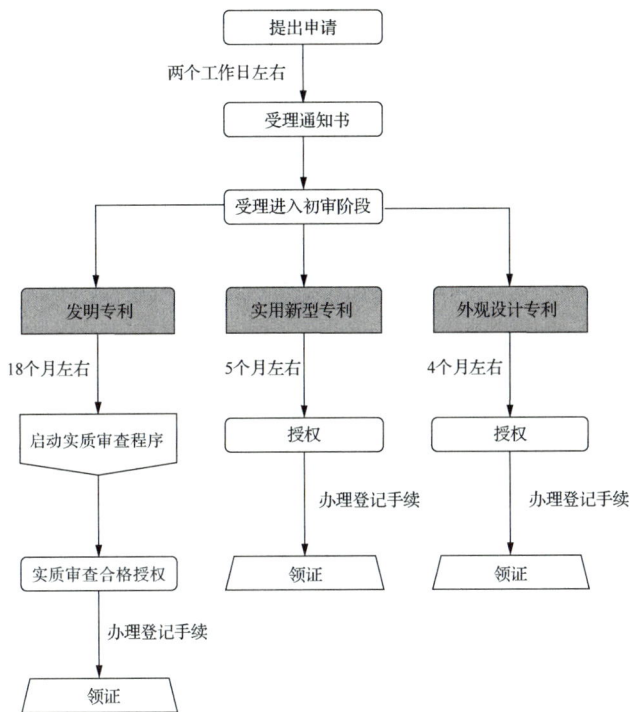

图 3-2　专利申请大体流程

实用新型专利申请的审批流程包括：专利申请→受理→初审→授权。

（3）外观设计专利的申请

外观设计是指对产品的整体或者局部的形状、图案或者其结合，以及色彩与形状、图案的结合所做出的富有美感并适于工业应用的新设计。

外观设计专利申请的审批流程包括：专利申请→受理→初审→授权。

2. 计算机软件著作权申请

计算机软件著作权是指软件的开发者或其他权利人依据有关著作权法律的规定，对于软件作品所享有的各项专有权利。我国计算机软件著作权由申请人向中国版权保护中心提出申请，由中国版权保护中心审核并发出登记证书。

我国计算机软件著作权登记的办理流程包括：填写申请表→提交申请文件→登记机构受理申请→审查→取得登记证书。

3. 商标注册申请

依据《商标法》第四条的规定，自然人、法人或者其他组织在生产经营活动中，对其商品或者服务需要取得商标专用权的，应当向商标局申请商标注册。指定使用在商品上的商标为商品商标，指定使用在服务上的商标为服务商标。商标注册流程如图 3-3 所示。

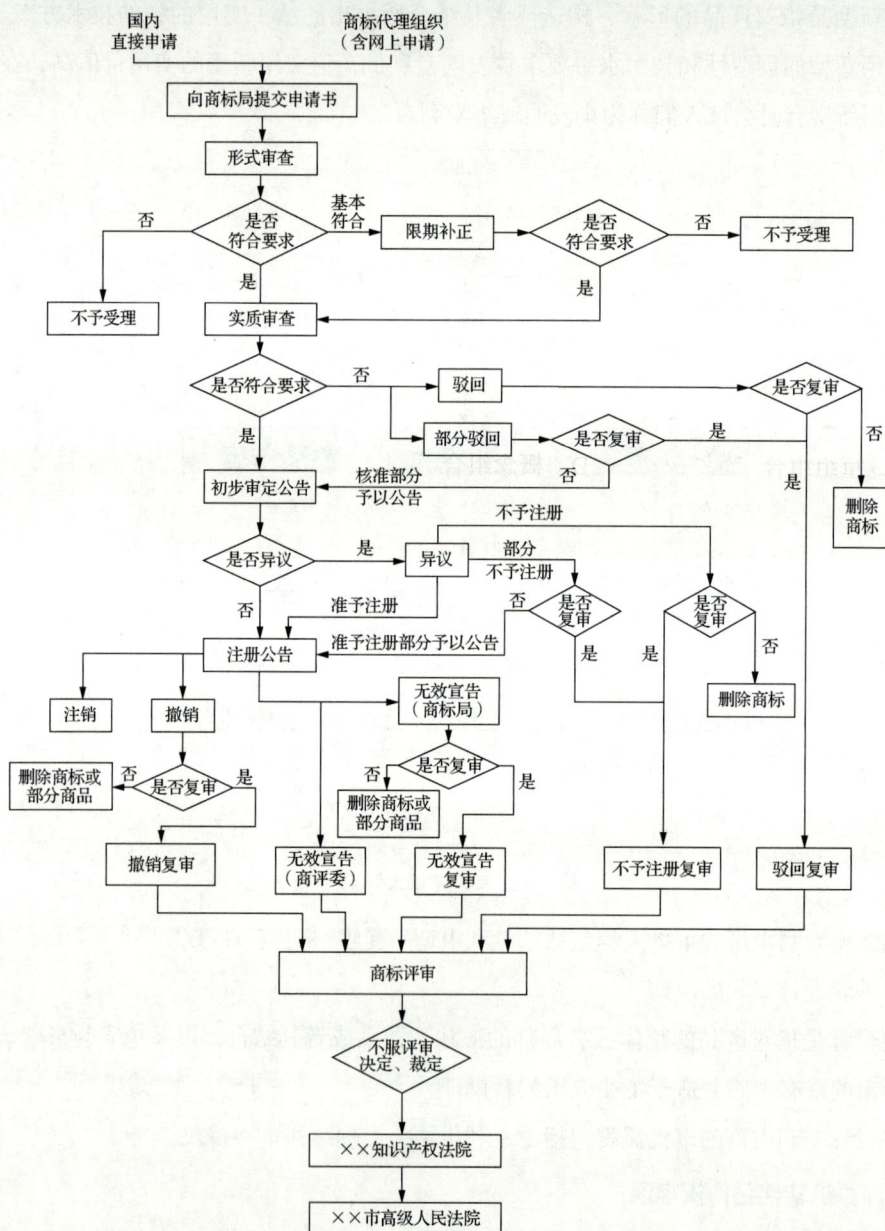

图 3-3　商标注册流程

商标权的申请人可自行提交电子申请，或者到商标局委托地方市场监管部门或知识产权部门设立的商标受理窗口等地点办理。

自学自测

一、单选题

1. 要求人们在考虑某一个问题时，先制成一览表，对每个项目逐一进行检查，以避免遗漏要点，以此获得结论的创新技法是（　　）。

A．检核表法　　　　　　　B．组合法

C．头脑风暴法　　　　　　D．概念扇法

2. 几乎适用于任何类型和场合的创新活动，因此被称为"创新技法之母"的创新技法是（　　）。

A．检核表法　　　　　　　B．组合法

C．头脑风暴法　　　　　　D．概念扇

3. 在事物的不同层次分解原来的组合，然后再按照新的目标重新组合的创新技法属于（　　）。

A．同类组合　　　　　　　B．异类组合

C．重组组合　　　　　　　D．概念组合

4. 创新成果是人们在社会实践中创造出来的（　　）劳动成果。

A．智力　　　　　　　　　B．体力

C．人为　　　　　　　　　D．最新

5. 以下不属于创新成果的公开保护方式的是（　　）。

A．专利申请　　　　　　　B．商标注册

C．计算机软件著作权申请　D．商业秘密

二、多选题

1. 以下创新技法中属于设问法的有（　　）。

A．焦点法　　　　　　B．检核表法　　　　　　C．和田十二法

D．形态分析法　　　　E．5W2H法

2. 概念扇从高到低的3个层次是（　　）。

A．方向　　　　　　　B．概念　　　　　　　　C．主意

D．组合　　　　　　　E．综合

3. 受法律保护的创新成果必须具备的基本特征包括（　　）。

A．保密性　　　　　　B．新颖性　　　　　　　C．非物质性

D．公开性　　　　　　E．价值性

4．在我国专利分为（　　　）。

A．发明专利　　　　　　　B．实用新型专利　　　　C．外观设计专利

D．商标　　　　　　　　　E．计算机软件著作权

5．以下属于商业秘密中的"经营信息"的有（　　　）。

A．技术诀窍　　　　　　　B．工艺流程　　　　　　　C．客户名单

D．产销策略　　　　　　　E．货源情报

三、判断题

1．相同问题的不同环节不能使用同一种创新技法来解决。　　　　　　　　（　　　）

2．检核表法的核心是改进，即通过变化来改进。　　　　　　　　　　　　（　　　）

3．补代组合是指把某一事物中具有相同功能的要素组合到一起，从而达到共享目的。
（　　　）

4．概念扇中的主意总是最为宽泛的概念，而概念总是做某事的具体方法。　（　　　）

5．《专利法》对实用新型的创造性和技术水平要求较发明专利低，但实用新型的实用价值高，在这个意义上，实用新型有时会被人们称为小发明或小专利。　（　　　）

四、简答题

1．简述概念扇的制作过程。

2．简述头脑风暴法的实施流程。

3．简述受法律保护的创新成果的基本特征。

4．简述异类组合与重组组合的异同。

5．简述发明专利与实用新型专利的异同。

课中实训

实训 开展创新活动

任务 1 检核表创新

任务描述 学生小组选定一种产品（胶带、耳机、U 盘、笔……），参照表 3-3 中的案例，应用检核表逐一检核项目，列出多个备选创新方案，在讨论后筛选各自提出的设想，并整合成一个满意的创新方案，并将相关要点填入表 3-4。

表 3-4 团队检核表创新成果

序号	检核项目	检核内容	创新方案
1	能否他用		
2	能否借用		
3	能否改变		
4	能否扩大		
5	能否缩小		
6	能否代用		
7	能否调整		
8	能否颠倒		
9	能否组合		

任务 2 组合创新

任务描述 以任务 1 中所选的产品为主产品，学生小组尽可能多地说出已有的组合产品或事物，试运用组合法设计一款新的组合产品。请将研究成果做成展示 PPT，并将相关要点填入表 3-5。

表 3-5 团队组合创新成果

研究目标	研究成果
已有的组合产品或事物	
新设计的组合产品	名称： 组合类型： 组合来源： 组合目的： 设想功效： 预计成本：

任务 3 概念扇设计

任务描述 以任务 1 中所选的产品为主产品，学生小组试运用概念扇法找出更多解决方案（新主意）。请将研究成果做成展示 PPT，并将相关要点填入表 3-6。

表 3-6 团队概念扇设计成果

研究目标	研究成果			
	主意	概念	方向	解决方案（新主意）
概念扇 分析				
概念扇图				

任务 4 头脑风暴创新

任务描述 以任务 1 中所选产品的新型号产品为主题，学生小组试运用头脑风暴法设计一款能为市场所接受的新产品。请将研究成果做成展示 PPT，并将相关要点填入表 3-7。

表 3-7 团队头脑风暴创新成果

研究目标	研究结果
会前准备阶段	与会者： 主持人： 课题任务：
热身阶段	
第一波设想阶段	
设想整理阶段	
第二波设想阶段	
设想筛选阶段	

任务 5 保护创新成果

任务描述 针对任务 4 中设计出的新产品，设计创新成果保护策略并撰写相关申报材料。请将研究成果做成展示 PPT，并将要点填入表 3-8。

表 3-8 团队创新成果保护策略设计

研究目标	研究成果		
保护对象	□ 发明专利 □ 计算机软件著作权	□ 实用新型专利 □ 商标权	□ 外观设计专利 □ 其他：
保护策略			
申报材料			

复盘反思

1．知识盘点：通过对"开启创新活动"这一项目的学习，你掌握了哪些创新成果保护的知识？请画出思维导图。

2．方法反思：在完成本项目学习和实训的过程中，你学会了哪些分析问题和解决问题的方法？

3．行动影响：在完成本项目学习和实训的过程中，你认为自己还有哪些地方需要改进？

📋 任务实施评价

技能点评价表

使用说明　按评价指标评价项目技能点成绩，满分为 100 分。其中，作品文案占 75 分，展示陈述占 25 分。教师评价占 70%，学生互评占 30%。

	技能点评价指标	分值	得分
作品文案	对检核表应用的准确性	15	
	对组合法应用的准确性	15	
	对概念扇法应用的准确性	10	
	对头脑风暴法应用的准确性	15	
	对保护创新成果策略应用的恰当性	20	
展示陈述	演讲专业程度（包括 PPT 等辅助工具应用的熟练度）	5	
	语言技巧和非语言技巧	5	
	团队合作配合程度	10	
	时间分配	5	

素质点评价表

使用说明　按评价指标评价项目素质点成绩，优秀为 5 分，良好为 4 分，一般为 3 分，合格为 2 分，不合格为 1 分。评价分为学生自评与小组成员互评。

评价对象	素质点评价指标	得分	评价对象	素质点评价指标	得分
自评	团队协作能力		成员 2	团队协作能力	
	交流沟通能力			交流沟通能力	
	信息素养和学习能力			信息素养和学习能力	
	独立思考和创新能力			独立思考和创新能力	
成员 1	团队协作能力		成员 3	团队协作能力	
	交流沟通能力			交流沟通能力	
	信息素养和学习能力			信息素养和学习能力	
	独立思考和创新能力			独立思考和创新能力	

注：①团队协作能力，指能与小组成员合作完成项目；②交流沟通能力，指能良好地表达自己的观点，善于倾听他人的观点；③信息素养和学习能力，指善于搜集并借鉴有用的信息、好的思路和想法；④独立思考和创新能力，指能提出新的想法、建议和策略。

课后提升

案例　海尔卡萨帝洗衣机的组合创新

在家电领域，采用组合创新的经典案例就是海尔卡萨帝双子云裳分筒洗衣机，如图3-4所示。这款洗衣机有两个筒，它们上下排列，上层是小筒，主要用来洗涤婴幼儿衣物、高档丝质衣物、小件衣物等；下层是大筒，主要用来清洗大件衣物、外衣、日常棉麻衣物等。

图 3-4　海尔卡萨帝洗衣机

为什么要发明两个筒的洗衣机？这主要是为了迎合现代消费者新的需求。一方面，随着生活水平的提高，消费者对家庭环境越来越关注，为了避免交叉感染，往往大人和小孩的衣物需要分开洗，内衣和外衣分开洗，但是一台洗衣机很难解决这样的问题，如果买两台，不仅家里放不下，而且还要修改上下水管路。双筒洗衣机就很好地解决了这个问题。另一方面，随着生活水平的提高，消费者的洗衣方式也发生了变化。以前是衣物脏了往往不立即洗，要积攒到一堆，等周末集中洗；而现在是随时洗，每次可能只洗几件，这样因为几件衣物就用一大筒水，非常不经济环保。双筒洗衣机很好地解决了这个问题：平时，少量衣物用小筒洗，省水又省时间；周末，大量衣物可以用大筒洗，实现集中清洗。

思考题

1. 查一查，组合创新的形式有哪些？案例中对洗衣机的创新属于哪一类组合？

2. 洗衣机还可以进行哪些组合创新？

04 项目四 捕捉商机

项目四
思维导图

✕ 背景与任务

在导师和学长的帮助下，常小信了解了什么是创新活动，调研了企业的创新活动，也尝试性地开展了一些创新活动。在听了本专业的一次学术报告会后，常小信觉得自己发现了一个巨大的市场空白。他意识到，填补这个空白将会给社会带来极大的便利和价值。他决定放手一搏，创办一个属于自己的创业项目，于是他向导师表达了创业的想法。导师问了常小信 3 个问题：你知道创业需要准备什么吗？你判断过这个创业机会是否适合你吗？如何将这个创业项目顺畅地运转起来？带着这些问题，常小信给自己规划了下一阶段的任务：①调查创业的一般过程和所需要素；②寻找并筛选适合自己的创业机会；③根据筛选出的创业机会，初步策划一个创业项目产品（或服务），并设计商业模式。

✕ 学习目标

- **知识目标**

  1. 了解创业要素和创业过程。

  2. 了解创业机会的概念、类型，掌握创业机会的评估方法。

- **能力目标**

  1. 能根据创业过程完成各个阶段所需的准备工作。

  2. 能运用不同的方法搜寻并评估创业机会。

- **素质目标**

  1. 具备良好的交流沟通能力，能够在小组内部有效地表达观点。

  2. 具有良好的信息素养和学习能力。

  3. 能运用所学的知识及技能解决实际问题。

- **价值目标**

  1. 充分理解新发展理念，以新发展理念为依托开展创业活动，为实现我国更高质量、更有效率、更加公平、更可持续的发展贡献力量。

  2. 培养信息意识，能够主动适应"互联网＋"等社会信息化发展趋势。

  3. 理解新时代我国社会主要矛盾的变化，从满足美好生活需要和解决不平衡不充分的发展中寻找创业机会。

课前自学

▶ 微课

创业要素与
创业过程

一、创业要素

创业要素是开展创业活动必需的各种社会资源的总称。任何创业活动都是一系列创业要素组合的结果。各种创业要素通过相互作用推动着新企业的演化过程，任何创业要素性质的变化、不同要素间结构的变化，都会影响创业活动的绩效，并最终导致所创事业面临飞跃式成长或失败两种截然不同的结果。研究表明，创业成功是一系列要素科学组合的结果，创业者可以通过改善这些要素的组合来提高其创业成功的可能性。

创业研究者蒂蒙斯（Timmons）认为，创业过程是一个高度动态的过程，商机、资源和创业团队是创业过程中最重要的三大要素，如图4-1所示，创业过程依赖于这三大要素的匹配和均衡，它们的存在和成长决定了创业过程向什么方向发展。

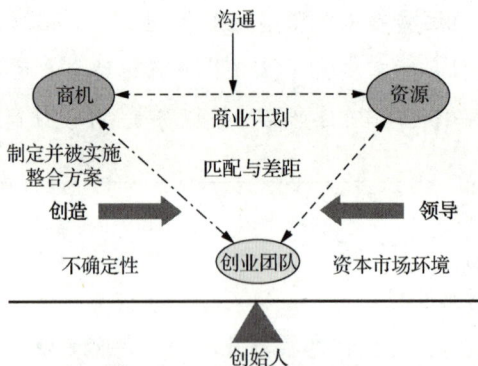

图 4-1　蒂蒙斯创业过程图

创业过程的起点是商机，而不是资金、战略、关系网、创业团队和商业计划。商机的形式、大小、深度决定了资源与创业团队的形式、大小、深度。创始人和创业团队的作用是利用其创造力在模糊、不确定的环境中发现商机，并利用资本市场等外界理论组织资源，领导企业实现商机的价值。在这个过程中，资源与商机是"适应—差距—再适应"的动态过程。

想一想

知识经济时代，哪种要素对创业成功的影响最大？

_____

_____

二、创业过程

创业过程包括了从商业机会的最初构思到形成新事业，直至新事业成长为成熟企业的整个过程。这一过程实际上也是各种创业要素相互适应的动态平衡过程。

在实践中，创业过程可分为理解创业、酝酿创业、产生创业灵感、启动创业和创业管理五大阶段，每一阶段包含多项工作，如图4-2所示。

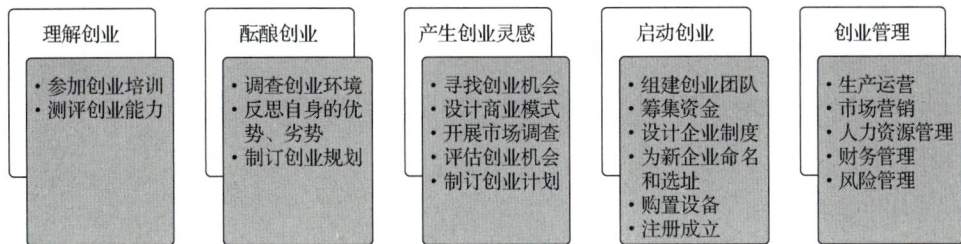

理解创业	酝酿创业	产生创业灵感	启动创业	创业管理
·参加创业培训 ·测评创业能力	·调查创业环境 ·反思自身的优势、劣势 ·制订创业规划	·寻找创业机会 ·设计商业模式 ·开展市场调查 ·评估创业机会 ·制订创业计划	·组建创业团队 ·筹集资金 ·设计企业制度 ·为新企业命名和选址 ·购置设备 ·注册成立	·生产运营 ·市场营销 ·人力资源管理 ·财务管理 ·风险管理

图4-2　创业过程

（1）理解创业阶段

该阶段的主要任务是弄清"什么是创业""我是否适合创业"等问题。创业者在此阶段主要处于初步认知创业和能力积累阶段，尚无明确的创业意向。此时，创业者的主要工作包括参加各类创业培训了解创业是什么，以及在此基础上通过各种创业能力测评了解自身的开业胜任力、培训胜任力、信息需求、培训需求等信息，检验自我与其他创业者的差距。

（2）酝酿创业阶段

创业者在该阶段的主要任务是经过前期对创业的了解，开始主动调查创业环境，反思自身的优势、劣势，并初步制订自己的创业规划。

调查创业环境主要是去了解相关的创业政策。近年来，我国从中央到地方先后出台了多项鼓励创业的优惠政策，创业者在制订创业规划前应先行了解自身条件是否能够享受优惠。一般而言，这些政策通常包括创业奖励补贴政策、融资扶持政策、场地优惠政策和税费优惠政策等。

创客咖啡

创业者对自身优势的反思

（3）产生创业灵感阶段

该阶段是创业者在萌发了创业愿望后自发去搜寻和筛选商机的阶段。商机最初以各种各样的创意形式存在，面对众多看似有价值的创意，创业者要想取得成功，必须及时、准确地识别出其中真正具有商业价值的商机，进而才能启动创业。在此阶段，创业者的主要工作包括寻找创业机会、设计商业模式、开展市场调查、评估创业机会和制订创业计划（详见本书后续内容）。

（4）启动创业阶段

此阶段是创业者围绕前期选定的某一特定项目，聚集各种创业要素开展具体创业活动的阶段。该阶段的典型任务包括组建创业团队、筹集资金、设计企业制度、为新企业命名和选址、购置设备、注册成立等（详见本书后续内容）。这些任务的完成标志着创业者所创的新事业正式诞生，可开展对外经营活动了。

（5）创业管理阶段

该阶段的工作包括生产运营、市场营销、人力资源管理、财务管理、风险管理等企业日常管理工作。创业初期，创业者需做好新企业在市场的定位，并能弹性应变环境以确保新企业存活，但当新创企业发展成为较具规模的企业时，专业化管理的作用将凸显出来。专业的人力资源管理、财务管理、市场营销等管理将使企业在规范中发展壮大。

三、创业机会的内涵

▶ 微课

创业机会及其类型

创业应始于创业机会的发现，创业者要善于抓住好的创业机会，把握稍纵即逝的创业机会，就等于成功了一半。

1. 创业机会的概念

创业机会是指那些具有较强吸引力的、较为持久的、有利于创业的商业机会。创业者据此可以为客户提供有价值的产品或服务，并同时获得收益。

总体而言，创业机会具有三大特征。

① 普遍性。凡是有市场、有经营活动的地方，客观上就存在着创业机会。创业机会普遍存在于各种经营活动的过程中。

② 偶然性。对企业来说，创业机会的发现和捕捉带有很大的不确定性，任何创业机会的产生都有"意外"因素。

③ 消逝性。创业机会存在于一定的时空范围之内，产生创业机会的客观条件产生变化，创业机会就会相应地消逝和流失。

从本质上来说，创业过程由创业机会激活并受其驱动，创业机会是创业过程的核心。可以说，虽然不是每一个创业机会最后都能发展成为一家新企业，但每一个创业活动都始于创业者对创业机会的及时捕捉和把握。

2. 创业机会的来源

① 技术变革。新技术的出现改变了企业间的竞争模式，使得创办新企业的机会大大增多，例如，互联网技术的发展带来了电子商务方面的创业机会。

想一想

人工智能、大数据、云计算等新技术的出现给我们带来了哪些新的创业机会？

_____

_____

② 政策法规调整。政策法规的某些变化可能给创业者带来新的创业机会。典型案例如环境保护政策的出台，会将那些污染严重、严重破坏环境的产品赶出市场，这些产品的淘汰将为创业者在生产或销售环保型产品方面带来创业机会。

📖 初心茶坊

新发展理念

创新发展注重的是解决发展动力问题。协调发展注重的是解决发展不平衡问题。绿色发展注重的是解决人与自然和谐问题。开放发展注重的是解决发展内外联动问题。共享发展注重的是解决社会公平正义问题。

新发展理念是管全局、管根本、管长远的导向，具有战略性、纲领性、引领性。它符合我国国情，顺应时代要求，对破解发展难题、增强发展动力、厚植发展优势具有重大指导意义，也引导了未来创业机会的发展方向。

③ 社会和人口结构变革。社会和人口结构变革改变了人们对产品或服务的需求。由于创业者通过销售顾客需要的产品或服务来获取收益，因此顾客需求的变化就产生了生产新事物的机会。典型案例如双职工家庭由于在家做饭的时间减少，催生了在餐馆、快捷食品、净菜、小饭桌、食品外送服务等方面的创业机会。

想一想

有关报告显示，截至 2023 年年底，全国 60 周岁及以上老年人口为 2.97 亿人，占总人口的 21.1%。人口老龄化现象会带来哪些创业机会？

_____

_____

④ 产业和市场结构的变化。产业和市场结构的变化改变了行业的竞争状态，形成了创业机会。典型的创业机会如小米手机利用智能手机市场结构变化的机遇进行创业。

⑤ 解决问题。每个问题都是一个被精巧掩饰的创业机会，而现实中仍有许多问题需要解决，评论和讨论这些问题，就可能启发商业创意。

⑥ 重大事件。重大活动（如奥运会）、重大自然灾害、重大社会事件、重大经济事件等均会使人们对某些产品产生大量需求，进而为创业者带来创业机会。

⑦ 个性驱使。创业者的先前经验、创造性、认知因素（第六感）或社会网络等个人因素也能驱使其创业。

3. 创业机会的类型

根据创业机会的市场特征、来源、创业者的价值创造能力及创业机会的价值明确程度等，创业机会被分为多种不同的类型。

（1）基于市场特征划分

① 现有市场机会和潜在市场机会。

在创业机会中，有些市场需求明显没有被满足，这种未被满足的需求称为现有市场机会；而还有一种隐藏在现有某种需求背后且未被满足的市场需求，称为潜在市场机会。对于现有市场机会，企业容易寻找和识别，发现的难度系数较小，这是其最大的优点。这一最大的优点也恰恰是它最大的缺点：由于现有市场机会明显，容易寻找和识别，因此能发现这种机会的创业者也多，一旦市场达到饱和，这种机会就不能为创业者带来效益。

潜在市场机会对企业来说不容易发现，寻找和识别的难度系数大，这是它最大的缺点。但正由于不易识别，创业者如果找到并抓住这种机会，其竞争对手就比抓住现有市场机会的竞争对手少，机会效益也就比较高。

想一想

你的身边有哪些成功的创业项目利用了潜在市场机会？

_____

_____

② 行业市场机会与边缘市场机会。

出现在某个行业内的市场机会，称为行业市场机会；在不同行业之间的交叉或结合部分产生的市场机会，称为边缘市场机会。

相对于行业市场机会，边缘市场机会需要创业者具备多种行业背景，对创业者要求比较高，创业者选择这类创业机会创业的难度较大；但交叉多个行业的边缘市场的消费者需求机会一般容易被创业者忽视，具有巨大的市场发展空间。

想一想

你的专业有哪些在"互联网+"时代产生的新的创业机会？

_____

_____

③ 目前市场机会与未来市场机会。

目前市场发展中出现的市场机会都称为目前市场机会。而从环境变化的动态性分析，在目前市场上并未表现但在未来的某一时期内表现为大量需求和消费倾向，在未来某一时期内出现的市场机会，就被称为未来市场机会。

目前市场机会和未来市场机会的区别在于时间的先后顺序和是否具备可能转变的客观条件。随着时间的推移，未来市场机会是否能转变为目前市场机会主要取决于环境的发展变化。创业者应该重点抓住目前市场机会，关注市场环境的变化趋势，把握未来市场机会。

查一查

什么是绿色发展理念？我们身边有哪些绿色发展理念带来的创业机会？

_____

_____

④ 全面市场机会与局部市场机会。

市场从范围来看，有全面的、大范围的市场和局部的、小范围的市场之分，因而，市场上出现的机会也就有全面市场机会和局部市场机会之分。全面市场机会是在大范围的市场中出现

创客咖啡

"互联网+"时代是个什么时代？

初心茶坊

"低碳"是当今经济社会发展的必然趋势

的，如国际市场、全国市场；局部市场机会则是在一个局部的市场中出现的，如某个特定市场。

全面市场机会对所有创业者来说具有普遍意义，因为它意味着环境变化的一种普遍趋势。局部市场机会则对在该地区从事创业活动的创业者来说有特殊意义，它意味着该地区市场环境的变化有不同于其他市场的特殊发展趋势。

查一查

我国推动"一带一路"建设取得了哪些成效？"一带一路"建设对创业产生了哪些影响？

_____

_____

（2）基于来源划分

① 问题型创业机会。

问题型创业机会是指由现实中存在的未被解决的问题产生的一类机会。对"苦恼的事"和"困扰的事"，人们总是迫切希望解决，如果创业者能提供解决的办法，实际上就找到了创业机会。例如，双职工家庭没有时间照顾小孩，于是有了家庭托儿所；没有时间买菜，就产生了送菜公司。这些机会都是从"问题"中寻找出来的，属于问题型创业机会。

想一想

我们生活中还有哪些产品是从"问题型创业机会"产生的？

_____

_____

② 趋势型创业机会。

趋势型创业机会就是在变化中看到未来的发展方向，预测到将来的潜力和机会。创业机会大多产生于不断变化的市场环境，环境变化了，市场需求、市场结构必然发生变化。著名管理学家彼得·德鲁克将创业者定义为那些能"寻找变化，并积极反应，把它当作机会充分利用起来的人"。这种变化主要来自产业结构变动、消费结构升级、城市化加速、人口思想观念变化、政府政策变化、人口结构变化、居民收入水平提高、全球化趋势等方面。例如，居民收入水平提高，私人轿车的拥有量将不断增加，这就会派生出汽车销售、修理、清洁、装潢、二手车交易、代驾等诸多创业机会。

③ 组合型创业机会。

组合型创业机会就是将现有的两项以上的技术、产品、服务等因素组合起来，以实现新的用途和价值而获得的创业机会。例如，将养老服务与房地产组合，开发养老地产；将网络直播与农产品销售相结合，开发出直播带货创业机会……这些都是将两个以上原来已有的服务结合起来，实现了新的用途，从而产生了创业的机会。

（3）基于创业者的价值创造能力及创业机会的价值明确程度划分

基于对创业者的价值创造能力及创业机会的价值明确程度，创业机会可以分为"梦想"型、尚待解决问题型、技术转移型和市场形成型的4类创业机会，如图4-3所示。

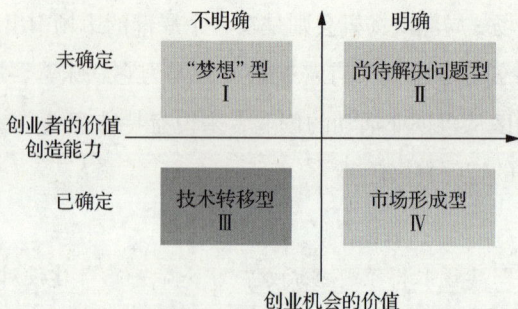

图 4-3 创业机会的分类

① "梦想"型创业机会：创业机会的价值并不明确，创业者是否拥有创造这一价值的能力也未确定。选择这一类型的创业机会创业风险较高，创业者应该谨慎选择。

② 尚待解决问题型创业机会：创业机会的价值已经较为明确，但创业者创造这种价值的能力尚未确定，或者有些创业机会已经出现，消费者已经存在一定的需求，但是创业者满足这种要求的方法和途径并不明确。对于这一类型的创业机会，创业者可充分利用各类资源，积极寻找并确定创造价值的途径和方法。

③ 技术转移型创业机会：创业机会的价值尚未明确，而创业者的价值创造能力已经较为确定。选择这种机会的创业者或技术开发者的主要工作是为手头的技术寻找一个合适的应用点，也就是如何将现有的技术转化为经济和社会效益。

④ 市场形成型创业机会：创业机会的价值和创业者的价值创造能力都已确定。这类创业机会属于成熟的创业机会，创业者可充分利用该类创业机会进行创业，创业的风险较小，成功的可能性较高。由于创业机会的价值和创业者的价值创造能力都已经明确，因此创业者在利用该创业机会进行创业的过程中会出现大量的同类竞争者，竞争较激烈。

四、创业机会的评估

选择创业机会的基本原则是创业机会必须具有吸引力、持久性、适时性，而且这个机会涉及的产品或服务必须能够为它的购买者或最终使用者创造一定的价值。

▶ 微课

创业机会的评估

"创业机会具有时限、稍纵即逝"与"创业需要承担各种风险"是创业者必须平衡的矛盾。据不完全统计，创业企业的失败率高达 70% 以上。创业者盲目开始创业，可能面临极大的失败风险。因此，正确评估和把握创业机会，对创业者来说十分重要。

对创业机会的评估可以从创业机会的市场吸引力、资源需求和获利能力 3 个方面展开。

1. 市场吸引力评估

该评估主要侧重于评估创业机会所在的行业和市场是否具有进入的可能和诱人的前景，可进一步细化为对市场规模、市场结构和商机持续时间 3 个方面的评估。

📱 创客咖啡

O2O 市场评估模型

（1）市场规模评估

市场规模的大小是影响创业成败的重要因素。一般而言，规模大的市场，也会是充满商机的市场。

想一想

为什么不能以市场规模作为判断创业机会价值的唯一标准？

_____

_____

（2）市场结构评估

创业者通过市场结构评估可以得知新企业未来在市场中的地位，以及可能遭遇的竞争对手反击的程度。迈克尔·波特从"新进入者的威胁""供方的议价能力""替代品的威胁""买方的议价能力""产品竞争对手现有企业间的竞争"等方面进行分析，评估市场竞争情况，如图4-4所示。

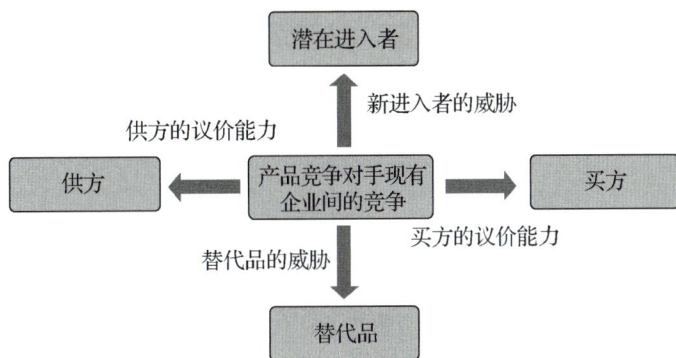

图4-4 迈克尔·波特的五力竞争模型

（3）商机持续时间评估

不同创业机会的生命周期各不相同，有的转瞬即逝，有的则会持续相当长的时间。即使是同一商机，如果处于不同时间段，其带来的价值可能是差别巨大的。商机持续时间主要体现在"机会之窗"的总体大小和"机会之窗"已经打开的时间长短上。

具体而言，创业机会的市场吸引力评估可以细化为对若干评价指标的评估，如表4-1所示。根据其作用趋向的不同，创业机会的评价指标可分为正向指标和逆向指标两种类型。正向指标是出现的可能性越高越有利于创业的指标，如顾客愿意付费接受产品或服务、商机预计持续时长等；逆向指标则是出现的可能性越低反而越有利于创业的指标，如市场内部竞争的激烈程度等。

表 4-1 创业机会的市场吸引力评价指标体系

评价指标	细分评价指标	评价标准
市场规模	有明确的顾客群，且规模大或年增长率不低于30%	正向
	顾客愿意付费接受产品或服务	正向
	顾客愿意重复购买，保证带来持续收入	正向
	具有较高的产品附加值	正向
	市场成熟度	逆向

续表

评价指标	细分评价指标	评价标准
市场结构	进入障碍的大小	逆向
	供货商的议价能力	逆向
	顾客对价格的影响能力	逆向
	经销商的议价能力	逆向
	替代品的竞争威胁程度	逆向
	市场内部竞争的激烈程度	逆向
商机持续时间	商机预计持续时长	正向
	商机已出现时长	逆向

2. 资源需求评估

创业机会的资源需求主要体现于创业者要想利用某创业机会时，需要投入的资金、土地、知识、劳动力等资源的存量需求及这些资源的可转移性。

（1）资源的存量需求评估

要满足资源的存量需求必须经过一定时间的积累，这种需求越大对创业者而言越难以把握。资源的存量需求可以用实体资源、人力资源、筹资能力、专利或专有技术的获取来进行判断。这些指标对创业者而言是硬性的指标，在评估时如果出现否定的回答，即认为该创业机会不可取，应予以放弃。

（2）资源的可转移性评估

资源的可转移性决定了现有厂商对生产要素的独占性的强度，进而制约了创业者整合该生产要素来捕捉创业机会。资源的可转移性可用资本市场成熟度、行业中介服务体系完善度、行业相关法律法规的健全程度3个指标来评估，这些指标均为正向指标，如表4-2所示。

表4-2 创业机会的资源需求评价指标体系

评价指标	细分评价指标	评价标准
资源的存量需求	是否需要创业者无法获取的实体资源	若出现否定的回答，即认为该创业机会不可取
	是否需要创业者无法获取的人力资源	
	投资总额是否在创业者筹资能力范围内	
	是否已拥有了必备的专利或专有技术	
资源的可转移性	资本市场成熟程度	正向
	行业中介服务体系完善度	正向
	行业相关法律法规的健全程度	正向

3. 获利能力评估

创业机会的获利能力评估主要反映该创业机会能带来的经济回报情况，建议采用毛利率、税后净利率、现金流、销售增长率、投资回报率、投资回收期等评价指标来衡量，如表 4-3 所示。满足表中的评价标准，说明创业机会的获利能力较强。

表 4-3　创业机会的获利能力评价指标体系

评价指标	评价标准
毛利率	>20%
税后净利率	>5%
现金流	每年销售额中不低于 20% 为现金
销售增长率	>15%
投资回报率	>15%
投资回收期	< 2 年

✦ 创客咖啡

企业获利能力常用评价指标

（1）毛利率。毛利率是毛利润占销售收入的百分比，其中毛利润也叫毛利，是销售收入减去销售成本后的净额。毛利率=（销售收入−销售成本）/销售收入×100%。毛利率反映的是毛利润在销售收入中的占比情况，比例越高，说明企业的获利能力越强。

（2）税后净利率。税后净利率也叫销售净利率，是净利润占销售收入的百分比，其中净利润是税前利润减去所得税的净额。税后净利率=（税前利润−所得税）/销售收入×100%。税后净利率反映企业的获利能力，税后净利率越高，生产成本越低，企业的获利能力越强。

（3）现金流。现金流也叫"现金流量"，是企业在一定会计期间按照现金收付实现制，通过一定的经济活动（包括经营活动、投资活动、筹资活动和非经常性项目)产生的现金流入、现金流出及其总量情况的总称，即企业一定时期内现金和现金等价物流入和流出的数量。

（4）销售增长率。销售增长率是评价企业成长状况和发展能力的重要指标。销售增长率=本年销售增长额/上年销售总额×100%=（本年销售额−上年销售额）/上年销售总额×100%。销售增长率是衡量企业经营状况和市场占有能力、预测企业经营业务拓展趋势的重要指标，也是企业扩张增量资本和存量资本的重要前提。该指标越高，表明企业的增长速度越快，企业的市场前景越好。

（5）投资回报率。投资回报率是指投资应返回的价值，即企业从一项投资活动中得到的经济回报。投资回报率=年利润或年均利润/投资总额×100%。

（6）投资回收期。投资回收期是指用投资方案所产生的净收益补偿初始投资所需要的时间，其单位通常用"年"表示。投资回收期所衡量的是企业收回初始投资的速度。

五、商业模式

商机虽然是创业活动的核心和起源，但创业者要想把握住商机，必须将其进行系统规划与利用，使之最终成为切实可行的商业模式。

▶ 微课

商业模式的内涵

1. 商业模式的基本概念

创业项目的商业模式是指创业者根据自己的战略性资源，结合市场状况与合作伙伴的利益要求而设计的一种商业运行方式。创业者必须通过商业模式的设计，对创业项目商业化过程中的"创业项目如何为消费者提供价值，如何运作及如何盈利"等关键问题做出切实的回答。一个可行、有投资价值的商业模式是创业者需要在创业计划书中强调的首要内容之一。事实上，没有商业模式，创业就只是一个梦想。

一个创业项目的商业模式应由运营模式、业务模式和盈利模式3部分内容组成。

（1）运营模式

运营模式即新创企业如何整合其内部或外部可获得资源，以实现"经营高效、成本节约、风险控制"的手段与方式。运营模式是与产品生产和服务创造密切相关的各项管理工作的总称。创业项目的运营模式设计应对新创企业经营过程中涉及的计划、组织、实施和控制环节做出说明。

（2）业务模式

业务模式即新创企业创造消费者价值或满足消费者需求的手段或方式。业务模式主要用于回答新创企业能为消费者解决什么问题，提供什么样的价值和利益，包括品牌、产品等。

（3）盈利模式

盈利模式即新创企业获取利润的手段、方式。简而言之，盈利就是企业通过什么途径或方式来赚钱，这涉及企业的成本结构、收入来源等问题。例如，饮料公司通过卖饮料来赚钱，快递公司通过送快递来赚钱，网络公司通过获取点击量来赚钱，通信公司通过收话费来赚钱等。

查一查

21世纪以来，在"互联网+"浪潮下，涌现了哪些成功的商业模式？

_____

_____

2. 商业模式的设计流程

商业模式的设计总体围绕着对"提供什么？""为谁提供？""收益多少？""如何提供？""成本多少？"五大问题的逐一回答来进行，如图4-5所示。

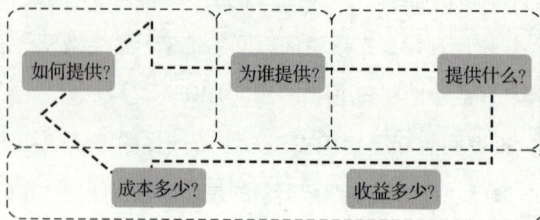

图4-5 商业模式的设计流程

（1）决定"提供什么"

设计商业模式应首先思考创业项目的产品（或服务）能向消费者提供的价值。创业者应根据自身的技术、资源情况，在商业模式设计之初明确自己可以提供的产品（服务）。

初心茶坊

新质生产力推动绿色发展

绿色发展是高质量发展的底色，新质生产力本身就是绿色生产力。必须加快发展方式绿色转型，助力碳达峰碳中和。牢固树立和践行绿水青山就是金山银山的理念，坚定不移走生态优先、绿色发展之路。加快绿色科技创新和先进绿色技术推广应用，做强绿色制造业，发展绿色服务业，壮大绿色能源产业，发展绿色低碳产业和供应链，构建绿色低碳循环经济体系。持续优化支持绿色低碳发展的经济政策工具箱，发挥绿色金融的牵引作用，打造高效生态绿色产业集群。同时，在全社会大力倡导绿色健康生活方式。

创业者在确定准备提供的产品（或服务）时，最关键的是考虑清楚产品（服务）能满足消费者哪些方面的需要，能为消费者创造怎样的价值，消费者是否认可该价值并且愿意为之付费。

（2）设计"为谁提供"

根据可提供给消费者的价值，创业者应从整体市场中细分出愿意接纳创业项目产品（或服务）提供的价值的消费者，并详细设计如何顺利使他们意识到本项目可为他们带来的价值。这一步设计需要依次完成"市场细分""分销渠道设计""客户关系管理"3项工作。

① 市场细分。创业者要在对消费者进行分类的基础上选定本创业项目瞄准的目标消费者群体。在此基础上，要进一步分析这些群体的共性，确定他们共同的价值主张，从而使企业能够针对这些共性创造价值。

② 分销渠道设计。根据消费者的特性和产品的特性，创业者要设计出将创业项目产品（或服务）送达消费者手中的途径。这一步的设计要阐述创业项目如何制定详细的市场和分销策略以开拓市场。

③ 客户关系管理。创业者应明确创业项目如何主动与目标客户建立起某种联系。良好的客户关系具有多样性、差异性、持续性、竞争性、双赢性的特征。它不仅可以为交易提供方便，降低交易成本，还可以为企业深入理解客户的需求、与客户充分交流提供可能。

（3）明确"收益多少"

基于对"分销渠道设计"的分析，创业者要设计企业创造各种收入流、获得回报的途径。此外，创业者还应综合消费者细分市场的容量、消费者接受创业项目价值主张所需的时间、消费者可能的接纳度及分销渠道的销售效率，并综合考量创业项目在未来一段时间内的收益情况。

想一想

一个商业模式可以包含哪些不同类型的收入来源？

_____

_____

（4）设计"如何提供"

这一步主要是解决如何有效地向目标消费者提供产品（或服务）的问题，需要依次完成对"关键资源""关键活动""伙伴网络"3项内容的分析。

① 关键资源分析。分析实施创业项目所需的关键资源，如人力资源、材料资源、营销队伍等用于执行创业项目的资源。为获取这些关键资源付出的代价在整个项目运行费用中所占比例应不少于80%。

② 关键活动分析。不同创业项目需要开展的活动会因商业模式不同而有所区别，大致包括生产制造、提供服务、平台/网络管理。例如，对软件制造商而言，其关键活动包括软件开发；对计算机制造商来说，其关键活动包括供应链管理；对于咨询企业而言，其关键活动包含问题求解。

③ 伙伴网络分析。分析创业项目同其他企业之间为有效地提供价值并实现商业化而形成的合作关系网络。创业者在设计商业模式时，应考虑清楚选择供应商、分销商、制造商等合作伙伴的标准，以及是否能与之建立稳定的合作关系。

想一想

创业项目的"关键资源""关键活动""伙伴网络"相互存在关联吗？如果欠缺关联会怎么样？

_____

_____

（5）计算"成本多少"

"获取关键资源""开展关键活动""建设和维持伙伴网络的供销关系"三者共同构成了创业项目的主要成本来源。在分析前述内容的基础上，创业者应计算这三大内容所需的各项费用（如人力、原料、土地、机器设备、信息、交通、技术、能源、资金、政商关系、管理素质等方面的费用），以及各自所占的比例。

想一想

如何确定创业项目的利润？

_____

_____

3. 商业模式的评价方式

商业模式的好坏关系着创业成功与否，一个好的商业模式能够取得事半功倍的效果，帮助创业者突破"初生"困境、实现快速成长。创业者可以从定位精准度、市场规模、收入增长速度、行业壁垒及风险可控性5个方面对商业模

▶ 微课

评价商业模式

式进行评价。

（1）定位精准度

找准定位是成功创业的开始。创业项目商业模式的定位精准度主要体现在两个方面：一是对所细分市场的清晰程度；二是能否向所选中的细分市场精准地提供能满足其需求的产品（或服务）。新创企业可通过产品、价格、渠道等方面与竞争对手产生差异，从而形成精准的市场定位。

想一想

比亚迪是如何精准定位市场的？

_____

_____

（2）市场规模

不是随意找一个细分市场并为之提供所需的产品（或服务）就算有了优秀的市场定位，寻找到一个大规模的、持续快速增长的市场，才是优秀的市场定位。因此创业者不仅要确保所瞄准的目标市场是一个拥有高成长预期的大规模市场，而且要考虑清楚该市场能否在未来持续高速成长。

（3）收入增长速度

收入增长速度是衡量商业模式能否迅速扩大规模的最关键因素。任何一家企业的收入规模在根本上都取决于客户数量及客户平均贡献额两个因素。因此企业要想使收入快速增长，就要设计能快速增加客户数量的各种策略，或者提高客户平均贡献额。

创客咖啡

客户数量和客户平均贡献额哪个更重要

商业模式从本质上讲就是如何从客户身上获取利润，企业如果想最快速地盈利，要么使客户数量增加速度最快，要么使客户平均贡献额最高，两者兼备当然最佳。但从商业实践的角度来看，真正起到关键作用的是客户数量的增加速度。因为如果不可大规模复制，企业从单一客户身上获得的收入再高也是枉然。

道理显而易见，能够大规模迅速扩展客户群的商业模式可使企业的收入持续高速增长，其效益要远超客户数量增长缓慢但客户平均贡献额很高的商业模式。因此客户数量增加的速度是否快，客户能否被快速大规模地复制，是衡量商业模式是否成功的关键因素。

（4）行业壁垒

对于创业者而言，好的商业模式应有能为自己掌控而竞争者无法逾越的行业壁垒。通常，这种壁垒和企业自身的优势紧密结合，企业能顺畅进入，进入后要能在技术、资金、货源等方面建立起高的门槛，从而使得其他竞争对手难以进入。很多企业之所以发展到一定阶段就出现问题，就是没有考虑到后进者的壁垒，很容易被人赶超。

想一想

行业存在高壁垒对创业者而言是好事还是坏事？创业者要如何应对行业壁垒？

（5）风险可控性

商业模式评估的最后一个环节就是综合评估可能面临的各种风险。与创业机会如影随形的必然是各种风险，几乎所有重大的商业成功都是冒着很多不确定的风险取得的。评估风险的目的并不是回避所有风险，而是识别出所有可能的风险、制定相应的应对策略，使风险都可控和能被管理，以更好地利用风险、规划风险和管理风险，从而创造商业奇迹。

⭐ **创客咖啡**

围绕"元宇宙"的新商业模式

"直播＋电商"的模式从2019年起开始实现爆发式增长，然后"直播＋文化""直播＋服务""直播＋旅游"等陆续出现。

未来"直播＋"趋势将进一步发展，在线直播将向细分领域拓展，例如垂直市场中的电商、教育等，内容垂直化会更加明显。在线直播内容与形式的多样化发展将满足用户的多元化需求。商业模式继续创新，在线直播的商业价值将进一步开发。用户下沉是近年来互联网发展的关键点之一，三、四线城市用户的娱乐方式相对较少，而娱乐时间较为充裕，加强对该部分用户的挖掘，可以为在线直播开辟市场空间。在线直播市场下沉发展，也将推进在线直播在内容与形式上的创新。电商直播势头强劲，在线直播可以助力卖货。传统电商流量红利风口已过，而在线直播的实时性、互动性极大地增强了用户体验，降低了用户在电商购物中的不确定性，激发了用户的消费欲望，提高了转化率。未来电商直播将继续发展，主播应注意利用自身的口碑及社交关系，形成用户沉淀，从而在电商直播中脱颖而出。

（来源：零壹财经）

自学自测

一、单选题

1. 创业过程的起点是（　　　）。

A. 商机　　　　　　　B. 创业者　　C. 创业资源　D. 创业环境

2. 由于我国老龄人口增加，养老院行业有着良好的前景，这属于由（　　　）带来的创业机会。

A. 社会和人口结构变革　B. 技术变革　C. 解决问题　D. 个性驱使

3. 创业机会的（　　　）主要体现于创业者要想利用某创业机会时，需要投入的资金、土地、知识、劳动力等资源的存量需求及这些资源的可转移性。

A. 吸引力　　　　　　B. 持久力　　C. 资源需求　D. 获利能力

4. 创业机会存在于一定的时空范围之内，产生创业机会的客观条件产生变化，创业机会就会相应地消逝和流失，这体现了创业机会的（　　　）。

A. 普遍性　　　　　　B. 偶然性　　C. 消逝性　　D. 盈利性

5. 创业项目的（　　　）是指创业者根据自己的战略性资源，结合市场状况与合作伙伴的利益要求而设计的一种商业运行方式。

A. 商业模式　　　　　B. 运行模式　C. 盈利模式　D. 业务模式

6. 商业模式设计的第一步是（　　　）。

A. 确定市场定位　　　B. 细分市场

C. 决定"提供什么"　　D. 明确收益来源

二、多选题

1. 以下属于创业要素的是（　　　）。

A. 商机　　　　　　　B. 资源　　　　C. 创业团队

D. 销售计划　　　　　E. 战略

2. 创业过程包含（　　　）阶段。

A. 理解创业　　　　　B. 酝酿创业　C. 产生创业灵感

D. 启动创业　　　　　E. 创业管理

3. 创业机会具有（　　　）等特征。

A. 特殊性　　　　　　B. 普遍性　　C. 偶然性

D. 消逝性　　　　　　E. 盈利性

4. 评估创业机会的市场吸引力，可以从评价（　　　）方面进行。

A. 市场规模　　　　　B. 市场结构

C. 筹资能力　　　　　D. 拥有的专利和发明情况　　E. 商机持续时间

5. 以下指标可以用于评估创业机会的获利能力的有（　　）。

A. 投资回报率 　　　　　 B. 毛利率 　　　　　　　 C. 现金流

D. 销售增长率 　　　　　 E. 投资回收期

6. 商业模式的设计流程包括（　　）。

A. 决定"提供什么" 　　　 B. 设计"为谁提供"

C. 明确"收益多少" 　　　 D. 设计"如何提供"

E. 计算"成本多少"

三、判断题

1. 创业过程由创业机会激活并受其驱动，创业机会是创业过程的核心。 （　　）

2. 资源的存量需求越大对创业者而言越有利。 （　　）

3. 创业过程是一个高度动态的过程，创业环境、资源和创业团队是创业过程中最重要的三大要素。 （　　）

4. 创业者在理解创业阶段的主要任务是经过前期对创业的了解，开始主动去调查创业环境，反思自身的优势、劣势，并初步制订自己的创业规划。 （　　）

5. 对创业机会的评估可以从创业机会的市场吸引力、资源需求和获利能力 3 个方面展开。 （　　）

6. 商业模式是对商机的丰富化和逻辑化。 （　　）

7. 盈利模式主要用于回答新创企业能为消费者提供什么样的价值和利益，包括品牌、产品等。 （　　）

四、简答题

1. 简述创业要素间的关系。

2. 简述启动创业阶段的主要任务。

3. 简述创业机会的来源。

4. 简述评估创业机会的主要指标。

5. 简述商业模式的基本概念和评价方式。

课中实训

实训一 评估创业机会

任务 1 评估创业机会的市场吸引力

任务描述 结合小组的创业项目，从市场规模、市场结构和商机持续时间对创业机会进行市场吸引力评估，并将评估结果填在表 4-4 中。

表 4-4 创业机会的市场吸引力评价指标体系

	评价指标	是	否
市场规模	有明确的顾客群，且规模大或年增长率不低于 30%	☐	☐
	顾客愿意付费接受产品或服务	☐	☐
	顾客愿意重复购买，保证带来持续收入	☐	☐
	具有较高的产品附加值	☐	☐
	市场成熟度高	☐	☐
市场结构	进入的障碍大	☐	☐
	供货商的议价能力强	☐	☐
	顾客对价格的影响能力强	☐	☐
	经销商的议价能力强	☐	☐
	替代品的竞争威胁程度高	☐	☐
	市场内部竞争激烈	☐	☐
商机持续时间	商机预计持续时间较长	☐	☐
	商机出现时间较短	☐	☐

任务 2 评估创业机会的资源需求

任务描述 结合小组的创业项目，从资源的存量需求和资源的可转移性两个方面对创业机会的资源需求进行评估，并将评估结果填在表 4-5 中。

表 4-5 创业机会的资源需求评价指标体系

	评价指标	是	否
资源的存量需求	是否需要创业者无法获取的实体资源	☐	☐
	是否需要创业者无法获取的人力资源	☐	☐
	投资总额是否在创业者筹资能力范围之内	☐	☐
	是否已拥有了必备的专利或专有技术	☐	☐
资源的可转移性	资本市场成熟程度高	☐	☐
	行业中介服务体系完善度高	☐	☐
	行业相关法律法规的健全程度高	☐	☐

任务 3　评估创业机会的获利能力

任务描述　结合小组的创业项目，对创业机会的获利能力进行评估，并将评估结果填在表 4-6 中。

表 4-6　创业机会的获利能力评价指标体系

评价指标	是	否
毛利率 >20%	☐	☐
税后净利率 >5%	☐	☐
每年销售额中不低于 20% 为现金	☐	☐
销售增长率 >15%	☐	☐
投资回报率 >15%	☐	☐
投资回收期 <2 年	☐	☐

实训二　策划创业项目产品（或服务）

任务 1　介绍创业项目产品（或服务）

任务描述　学生小组整理、完善前期选定的创业项目相关的内容，介绍该创业项目所提供的产品（或服务），并将相关要点填入表 4-7。

表 4-7　创业项目产品（或服务）介绍

研究目标	研究成果
产品的概念、性能及特性（或服务简介）	
主要产品（或服务）介绍	
产品（或服务）的市场竞争力	
产品（或服务）的研究和开发过程	
发展新产品（或服务）的计划和成本分析	
产品（或服务）的市场前景预测	
产品（或服务）的品牌和专利	

任务 2　调查分析创业项目产品（或服务）市场状况

任务描述　学生小组进一步整理、完善前期选定的创业项目的相关市场分析材料，介绍该创业项目的市场状况，并将相关要点填入表 4-8。

表 4-8　创业项目产品（或服务）市场状况调查分析

研究目标		研究成果
市场现状		
主要竞品		
目标客户		
目标市场		
市场需求量预测		
项目SWOT分析	优势	
	劣势	
	机遇	
	威胁	

实训三　设计创业项目的商业模式

任务 1　制定创业项目的商业模式

任务描述　学生小组根据选定的创业项目的相关内容，制定该创业项目的商业模式，并将相关要点填入表 4-9。

表 4-9　设计创业项目商业模式

研究目标	研究成果
创业项目提供的产品或服务	
创业项目的服务对象	
创业项目的提供方式	
创业项目的成本	
创业项目的收益	

任务 2　评价创业项目的商业模式

任务描述　学生小组对选定的创业项目的商业模式进行评价，并将相关要点填入表 4-10。

表 4-10　创业项目的商业模式评价表

评价指标		评价结果
定位精准度	是否进行了差异化的市场分析	
	市场定位是否为目标市场和消费者创造了价值	
	是否确定了独特的市场定位	
	和竞争对手的产品有无明显差别	
	是否提供了消费者需要的产品（或服务）	
市场规模	目标市场的规模是否足够大	
	是否能满足目标客户重要的基本需求	
	是否能保证高速增长	
	是否能保证持续增长	
收入增长速度	获取新客户的方法和难易程度是否合理	
	价格策略是否有利于快速扩展客户群和利润最大化	
	客户是否会持续消费	
行业壁垒	进入该行业是否有壁垒	
	是否存在产业链的制约因素	
	能否利用自身优势来构筑竞争壁垒	
	能否建立产业竞合关系	
	能否构筑价值链	
风险可控性	是否存在政策及法律风险	
	是否存在行业监管风险	
	行业竞争风险是否较大	
	是否有潜在的替代品威胁	
	是否已经存在价值链龙头	

复盘反思

1．知识盘点：通过对"捕捉商机"这一项目的学习，你掌握了哪些与创业机会相关的知识？请画出思维导图。

2．方法反思：在完成本项目学习和实训的过程中，你学会了哪些分析问题和解决问题的方法？

3．行动影响：在完成本项目学习和实训的过程中，你认为自己还有哪些地方需要改进？

📋 任务实施评价

技能点评价表

使用说明 按评价指标评价项目技能点成绩，满分为100分。其中，评估创业机会占30分，策划创业项目产品（或服务）占30分，设计创业项目的商业模式占40分。教师评价占70%，学生互评占30%。

技能点评价指标		分值	得分
评估创业机会	市场吸引力评价指标体系完成度与准确度	10	
	资源需求评价指标体系完成度与准确度	10	
	获利能力评价指标体系完成度与准确度	10	
策划创业项目产品（或服务）	创业项目产品（或服务）介绍完整度与清晰度	10	
	创业项目产品（或服务）市场预测完整性	10	
	创业项目产品（或服务）市场预测科学性	10	
设计创业项目的商业模式	创业项目产品（或服务）描述的清晰度	10	
	创业项目产品（或服务）的创新性	10	
	商业模式评价指标的完整性	10	
	商业模式评价指标的准确性	10	

素质点评价表

使用说明 按评价指标评价项目素质点成绩，优秀为5分，良好为4分，一般为3分，合格为2分，不合格为1分。评价分为学生自评与小组成员互评。

评价对象	素质点评价指标	得分	评价对象	素质点评价指标	得分
自评	团队协作能力		成员2	团队协作能力	
	交流沟通能力			交流沟通能力	
	信息素养和学习能力			信息素养和学习能力	
	独立思考和创新能力			独立思考和创新能力	
成员1	团队协作能力		成员3	团队协作能力	
	交流沟通能力			交流沟通能力	
	信息素养和学习能力			信息素养和学习能力	
	独立思考和创新能力			独立思考和创新能力	

注：①团队协作能力，指能与小组成员合作完成项目；②交流沟通能力，指能良好地表达自己的观点，善于倾听他人的观点；③信息素养和学习能力，指善于搜集并借鉴有用的信息、好的思路和想法；④独立思考和创新能力，指能提出新的想法、建议和策略。

课后提升

案例　"叩门装"要款式更要理念

谭中意，1985年出生，2006年毕业于中国人民大学信息学院，2007年任职NEC软件工程师。2008年6月底，他辞职创业，筹备服装电子商务项目。同年10月，中意斯正装网诞生并开始运营。很多创业者的想法都源于自己在生活中的某种不满足，谭中意也不例外。他2006年毕业时，买套面试正装很困难：商场的正装太贵，学生代理备货少，很难买到合身的。看到高校毕业生对正装的巨大需求，他找到了创业的着眼点。

考虑到大学生的上网习惯及网店较低的成本，谭中意首先想到了电子商务：网上销售，量体裁衣。他将办公地点设在租金低的五环外，学生们在网上下单后，团队成员就会到学生宿舍量尺寸。当然，货源最重要，几个月的时间里，谭中意跑遍了广州、温州等服装工业聚集区，终于找到了一个厂家，领导认同电子商务理念，与谭中意建立了合作关系。坚持的过程很艰难。在谭中意最困难时，公司的现金加上几个合伙人身上的现金一共100元不到。痛定思痛，谭中意开始思考业务模式存在的问题：员工上门不能带很多款式和面料，定制也很难规模化。于是公司改变了策略：以提供成衣为主，定制为辅。

为了让绝大多数学生能买到合体的西服，谭中意收集了学生的体形数据，开发出和市场上不同的尺码。谭中意表示："市场上的西服消费群体主要是中年人，腰围和胸围尺寸差别很小。这种型号的衣服学生穿着肩宽合适，但身上就会晃荡。"根据大学生的体形规律，谭中意做出了很多尺码，市场上的西服一般有10个尺码，他们就做20个尺码，这样大多数人能选到适合自己的尺码。他还把办公场所搬到了中国人民大学大学生创业园，并在学校附近开设实体店，方便学生试穿。

另一个挑战是来自传统渠道的压力。公司成立之初，谭中意就提出了口号：同品质正装仅售专卖店5折的价格。供货商自然有意见，因为他影响了原有的商场渠道销售。于是谭中意注册了自己的商标，并设计了布标、防尘袋、包装等，与原有渠道加以区分。谭中意早已和多家加工厂建立了稳定的合作关系，批量订单也大大增加。

思考题

1．根据谭中意的创业过程，思考他的创业机会从何而来，以及他为创业项目做了哪些准备工作。

2．此案例给了你什么启发？

05 项目五 组建创业团队

项目五
思维导图

✂ 背景与任务

　　常小信在制订了初步的创业计划后准备实施，他认为只有自己才最了解这个创业项目，刚开始自己来做就行。由于在项目初期，每个环节都需要精心打磨，常小信逐渐感觉力不从心，一个人无法同时承担多个角色，一方面自己并不了解所有领域的知识，资源有限，遇到难题时没有人给予专业建议与帮助，另一方面自己有时心理压力很大，常常觉得沮丧。他找到了导师谈心，导师强调了团队的重要性，成功的创业往往需要一个强大的团队支持，建议他先完成 3 个任务：①思考有没有必要组建创业团队；②若要组建，思考如何选择合伙人；③通过调研企业团队管理方式，总结如何打造高效核心的创业团队。

✂ 学习目标

- 知识目标

1. 认识组建创业团队的意义。
2. 了解合伙人的选择过程。
3. 掌握团队凝聚力的打造方式。

- 能力目标

1. 能有意识地选择合伙人。
2. 能开展核心团队建设活动。

- 素质目标

1. 具有团队合作精神和协作能力，能协调小组分工。
2. 具有独立思考能力和创新能力，能掌握相关知识点并完成项目任务。

- 价值目标

1. 注重团队协作中分工与授权的重要性，正确认识集体的力量。
2. 培养集体意识，正确处理个人目标与团队目标的关系。

课前自学

▶ 微课

创业团队的
内涵与构成

一、创业团队的内涵

现代管理越来越注重团队的观念。自20世纪90年代以来，学者们纷纷建议以团队模式开展工作，实践也证明团队模式的绩效明显优于其他工作方式。创业团队在创业过程中具有重要的意义。

1. 创业团队的定义

创业团队是创业初期（包括企业成立前和成立早期），由少数才能互补、责任与风险共担、愿为共同创业目标而奋斗的创业者组成的群体。创业团队一般由目标、人员、定位、权限、计划5个关键因素构成，只有分工协作，人尽其才，有效授权，合理计划，才能完成共同的创业目标。

创业团队的基本作用包括制订创业计划、募集关键人力资源、筹措创业资本、创办公司、构建商业平台等。研究表明，83.3%的高成长企业是由团队建立的，团队创业型企业的成长性明显优于独自创业型企业。

2. 组建创业团队的意义

一个好的创业团队对新创企业的成功有着举足轻重的作用。创业团队的整体素质和实力直接决定了新创企业的发展潜力，进而决定了新创企业能否成功。可以说，组建创业团队在整个创业过程中具有不可替代的作用。

（1）组建创业团队有利于成功把握商机

相较于个人，创业团队能用更为迅速、有效的方式扩大组织的社会关系网络，具有更强的资源整合能力，能同时从多个融资渠道获取创业资金等资源，进而有利于及时准确地把握市场变化，成功捕捉和利用商机。

（2）组建创业团队有利于促进多元化思考，碰撞出创意的火花

创业团队通常提倡合作、平等、民主。在这种氛围下，面对同一问题，团队成员会竞相从不同的角度展开思索，从而提出多元化的思考结论。这些结论在有效沟通下展开互动，往往能碰撞出创意的火花，产生更高效的解决方案。

（3）组建创业团队有利于进行科学决策，提高创业成功的可能性

创业团队大多是由具有不同背景和经历的多个成员组成的，每个成员都会给团队带来更多的信息、经验和能力。因此，创业团队具有的决策能力远远超过任何个人拥有的决策能力，从而使得企业能在更广的范围内应对多方面的挑战，并最终取得创业成功。

（4）组建创业团队有利于分散风险和减轻压力

共同创业有利于分散创业失败的风险，团队成员之间通过技能互补可增强应对环境不确定

性的能力，降低新创企业经营失败的风险。此外，在创业的过程中，一些创业者经常会面临来自资金、市场竞争、人员管理等各方面的压力，而合适的合伙人有助于减轻这些压力。

想一想

在大数据时代下，组建创业团队所面临的机会和挑战分别是怎样的？

_____

_____

3. 创业团队的组建流程

创业团队的组建是一个相当复杂的过程，不同类型的创业项目需要的团队不同，组建流程也不完全相同。概括来讲，创业团队的组建流程如图 5-1 所示。

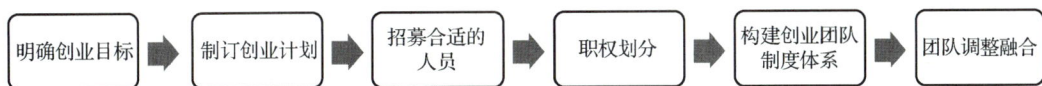

明确创业目标 ➡ 制订创业计划 ➡ 招募合适的人员 ➡ 职权划分 ➡ 构建创业团队制度体系 ➡ 团队调整融合

图 5-1　创业团队的组建流程

（1）明确创业目标

每个团队都有自己的目标，正是为了实现这个共同的目标，拥有不同背景、不同技能、不同知识的人们才组合起来形成团队。创业团队组建好之后，首先就必须明确团队的创业目标。创业目标将告诉每个成员其奋斗方向在哪里，团队的奋斗方向在哪里。总的来说，创业目标通过完成创业阶段的技术、市场、规划、组织、管理等方面的各项工作，实现企业从无到有、从起步到成熟。创业目标确定之后，为了最终实现这一总目标，团队应将总目标加以分解，设定若干可行的、阶段性的子目标。

> 创客咖啡
>
> 如何确定创业目标？

（2）制订创业计划

创业团队在确定一个个阶段性的子目标及总目标之后，紧接着就要研究如何实现这些目标，这就需要制订周密的创业计划。创业计划是在对创业目标进行具体分解的基础上，以团队为整体来考虑的计划。创业计划确定了不同的创业阶段需要完成的阶段性目标，创业团队通过逐步实现这些阶段性目标来最终实现创业目标。

（3）招募合适的人员

招募合适的人员是组建创业团队最关键的一步。团队成员的招募主要应考虑两个方面。一是考虑互补性，考虑其能否与其他成员形成能力或技术上的互补。这种互补既有助于强化团队成员彼此的合作，又能保证整个团队的战斗力，能更好地发挥团队的作用。一般而言，创业团队至少需要具备管理、技术、营销 3 个方面能力的人才。只有这 3 个方面的人才形成良好的沟通协作关系，创业团队才可能实现稳定、高效发展。二是考虑规模适度。适度的团队规模是保证团队高效运转的重要条件。团队成员过少将出现技能和经验的匮乏，无法使团队具备理想的功能和优势；而成员过多则会增加沟通成本，降低决策效率，可能导致层次过多、权力分散等问题，影响团队凝聚力与创业目标的实现。一般认为，创业团队的规模控制在 2 ～ 10 人最佳。

（4）职权划分

为了保证团队成员顺利执行创业计划、开展各项工作，创业团队必须预先在团队内部进行职权的划分。创业团队的职权划分就是根据执行创业计划的需要，具体确定每个团队成员所要担负的职责及其相应享有的权利。团队成员的职权划分必须明确，既要避免职权的重叠和交叉，又要避免无人承担责任造成工作上的疏漏。此外，由于创业团队还处于创业过程中，面临的创业环境又是动态的、复杂的，会不断出现新的问题，团队成员可能会不断更换，因此团队成员的职权也应根据需要不断进行调整。

（5）构建创业团队制度体系

创业团队制度体系体现了创业团队对团队成员的控制和激励能力，主要包括团队的各种约束制度和各种激励制度。一方面，创业团队通过各种约束制度（主要包括纪律条例、组织条例、财务条例、保密条例等）指导与约束团队成员，避免其做出不利于团队发展的行为，保证团队秩序的稳定；另一方面，创业团队要实现高效运作，就要具备有效的激励机制（主要包括利益分配方案、奖惩制度、考核标准、激励措施等），使团队成员能直观体会自身利益获取与创业目标实现之间的关联，从而充分调动团队成员的积极性，最大限度地发挥各自的职能。需要注意的是，创业团队的制度体系应以规范的书面形式确定下来，以免带来不必要的混乱。

（6）团队调整融合

完美配合的创业团队并非创业一开始就能建立起来，很多时候是在企业创立一定时间以后才随着企业的发展逐步形成的。随着团队的持续运作，团队在人员匹配、制度设计、职权划分等方面的问题会逐渐暴露，这就需要及时调整团队构成与分工。同时，问题的暴露是阶段性的，因此团队的调整融合也是动态持续的过程。在此过程中，尤其要注意团队成员间的有效沟通与协调，不断强化团队精神，提升团队士气。

⊙ 创客咖啡

团队融合的
"三板斧"

二、创业团队的构成

1. 构成模式

创业团队的构成模式主要有两种。一种为核心主导型创业团队，这种团队的组建通常是一个人首先有了创业意图，但考虑到自身能力与创业理想之间存在的差距，他便根据需要有目的地邀请其他人共同组成所需的团队。这种团队以这个人为核心共同创业，通常这个核心人物掌握着团队发展的关键技术或关键资源。另一种为群体型创业团队，这种团队的组建是多个团队成员同时形成创业意向，从而组合起来为共同目标努力。这种类型的创业团队并不以哪个成员为核心，团队成员之间原先就有共同的兴趣或共同相处的经历。

▶ 微课

创业团队的
建设过程

2. 成员构成与分工

创业团队的成员构成与分工如图 5-2 所示。

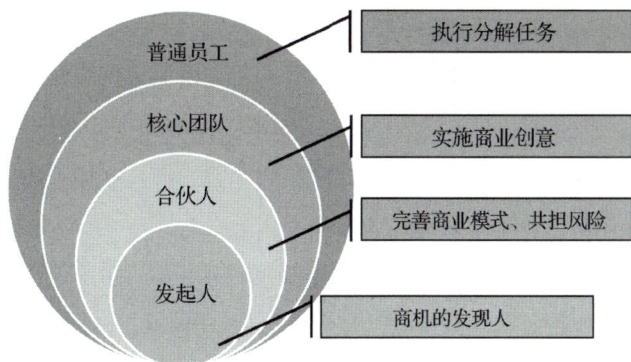

图5-2 创业团队的成员构成与分工

创业团队的成员从广义来说包括所有参与创业活动的人员。根据加入团队的时间先后、承担风险责任程度的差异，创业团队可分为从核心到外延的4类成员。

（1）发起人

发起人是整个创业项目最初创意的来源，作为商机的发现人，他最早萌发了启动该创业项目的意愿。整个创业团队以他为核心，逐步加入其他人员。

（2）合伙人

合伙人担负着完善发起人提出的商业模式、共担风险的职责。合伙人是受发起人感召，以提供资金、实物、技术、技术性劳务等形式出资，与发起人共同构成创业项目的投资人。合伙人参与合伙经营，依协议享受权利、承担义务，对创业项目的债务承担责任。

⭐ **创客咖啡** ────────────────────────

"小米汽车"的核心团队

2024年3月28日晚，小米集团在京举办发布会，创始人、董事长兼CEO雷军正式发布首款小米新能源汽车SU7，引发行业热议。他重申小米汽车的长期目标：通过15到20年的努力，成为全球前五的车企，"智能科技"引领、先进工厂融合创新，为中国汽车工业全面崛起而奋斗。

而小米汽车的背后有一个强大的核心团队，早在2021年小米汽车有限公司正式注册成立，一张初始团队的"十七罗汉"合影刷爆了朋友圈，然而在随后的一千天里，已有多人经历了人事变动，雷军一方面不断从传统车企引入多名强将，另一方面吸收优秀的团队，逐渐形成了包括于立国、黄振宇、胡峥楠三人在内的核心团队。于立国负责统筹小米汽车综合管理工作、专项业务推进、总部组织与人才建设；黄振宇负责汽车部供应链；胡峥楠负责组织架构、标准化流程与技术。设计方面，雷军也邀请了全球知名的汽车设计师参与小米汽车的设计。核心团队在雷军的带领下向着他人生最重要的一次创业迈进。

（3）核心团队

核心团队的成员是由参与经营的创业项目所有者（含创业项目发起人和合伙人）招募而来的，由在技术、营销、财务等方面技能互补的人员构成。核心团队承担了将创业项目所有者确定下来的商业模式加以细化，使之成为具体的商业创意的职责。在很多情况下，核心团队的主要成员由创业项目所有者和各种技术骨干组成。

想一想

核心团队成员的数量控制在多少为宜？如何激发核心团队成员的积极性？

_____

_____

（4）普通员工

普通员工一般是在创业项目发展过程中逐步进入创业团队的。他们进入团队的时间较晚，相对而言，与创业者的密切程度要逊于核心团队成员。他们的主要职责是执行核心团队提出的由商业创意细化分解出的各种具体任务。

三、合伙人的选择

合伙人的选择过程如图 5-3 所示。

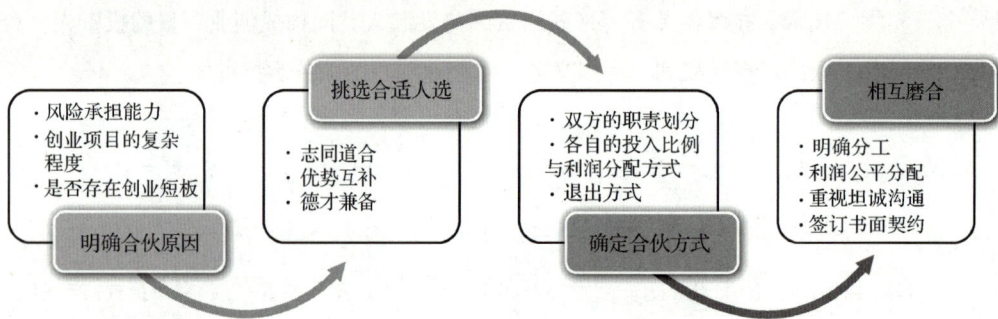

图 5-3　合伙人的选择过程

1. 明确合伙原因

创业究竟是单干好还是合伙好，这个问题不能一概而论。独自创业的创业者虽然享有充分的自主决策权，不用担心出现不必要的意见和分歧，但同样也要独自承担经营风险，面临筹资困难的窘迫。合伙创业可以让多人一起承担风险、分担责任和参与决策，大大降低经营的盲目性和随意性，增强筹资能力。但随着企业的成长，发起人与合伙人也很可能会在诸如企业发展规划、分配原则等方面产生分歧。因此，要选择合适的合伙人，发起人首先要明确自己寻找合伙人的原因，建议从以下 3 个方面考虑。

▶ 微课

创业合伙人的选择

（1）风险承担能力

发起人考虑自己能否独自承担创业项目的风险，若不能，则可以选择资金实力强的人合伙，以增强创业项目整体的抗风险能力。

（2）创业项目的复杂程度

创业项目复杂程度越高，越需要进行周密的考虑，对发起人的要求也就越高。此时，发起人与恰当的人合伙十分必要。

（3）是否存在创业短板

若创业项目存在技术、资金、网络关系等关键资源短板，发起人则应重点考虑持有此类资源的人选作为合伙人。

想一想

为何"技术合伙人"在创业团队中比较稀缺？发起人可以采用哪些方式在创业初期找到"技术合伙人"？

_____

_____

总体而言，发起人可根据自己准备经营的创业项目的规模等具体情况决定是否选择合伙人。若是经营小店、小型加工作坊等资金投入量不大、经营模式简单的创业项目，独自创业较为合适；若是经营规模较大的创业项目，建议考虑寻找一个或多个合适的合伙人一起创业。

2. 挑选合适人选

一个好的合伙人能够帮助发起人共同面对挑战，共同解决问题，共同实现创业目标。合适的合伙人选应具备如下 3 个基本条件。

（1）志同道合

合伙创业最重要的条件就是有共同的目标和价值观。只有存在共同的目标与理想信念，发起人与合伙人才能够共同克服在创业之路上遇到的挫折与困难。如果并非志同道合，当需要做出重大决策或遇到难题时，发起人与合伙人之间很难统一意见，无法做出最恰当的决策、得出有效的解决方案，对企业的发展会有很大的阻碍。

（2）优势互补

对发起人而言，只有争取到优势互补的合伙人才能将每个人的价值最大化。拥有不同优势的人，可以帮助各合伙人更快地适应自己的角色，从而使分工更明确，让每个人都可以把自己领域的专业知识运用起来，这对新创企业十分重要。当各合伙人从不同的专业领域角度来分析问题时，创业团队最终得到的答案会更有说服力，这将使整个企业实力更强。

（3）德才兼备

合伙人的"德"与企业的稳定与发展密切相关，这包括团结合作、相互尊重、重信守约等，其中重信守约是最宝贵的商业道德之一，也是合伙经营的基本要求。如果新创的合伙企业中混入了不具备基本商业道德的人，很可能会断送创业项目的前途。"才"则涉及合伙人具备的专业知识、技术和能力等。

⭐ **创客咖啡**

寻找合伙人的主要途径

（1）在亲友圈中寻找。这种途径建立在双方彼此信任的基础上，双方比较容易沟通；缺点是双方在搭伙创业的过程中容易产生矛盾并分开。

（2）经亲友或熟人介绍。通过此途径找到的合伙人能够比较迅速地组建团队，但是团队一定要建立在双方充分尊重彼此的基础上，因为二者由于友谊基础比较薄弱，很容易产生一些误会。发起人与合伙人在相处的过程中要以尊重的态度互相磨合。此途径的缺点是亲友或熟人可能无法知道其所有朋友是否有创业的意愿，所以寻找起来还是比较麻烦的。

（3）通过专业找合伙人的社区寻找。此途径针对性较强，目的性也较强，如果社区足够强大，合伙成功的概率就较高；缺点是如果社区不够正规，没有解决最基本的信任问题，就会使真正想创业的人才被埋没。

（4）选择客户或同行。此途径同样针对性较强，并且组建团队的效率较高，客户或同行与发起人有一定的合作基础，能够理解创业项目，迅速进入工作状态；缺点是发起人需要提出有优势的条件才能吸引到人才。

3. 确定合伙方式

在合伙创业初期，发起人就应与合伙人明确彼此的职责，合伙各方应就"双方的职责划分""各自的投入比例与利润分配方式""退出方式"等内容做出明确的约定。总体来说，根据职责划分、投入比例与利润分配方式的差异，合伙方式可以分为以下4种。

（1）完全均等模式，即所有合伙人在投资额、管理权限及收益分配方面完全均等。

（2）管理强化合伙模式，即发起人与合伙人的投资额和收益额均相等，但企业日常的经营管理由发起人负责，合伙人不参与。

（3）完全差异化合伙模式，即每个合伙人在投资额、管理权限及收益分配方面均按照事先约定的不等比例确定。

（4）第三方管理模式，即每个合伙人的投资有多有少，最终收益的分配按每个合伙人实际投入的比例分配，新创企业的日常经营管理由聘请的职业经理人负责。

想一想

若你是软件技术专业的学生，作为发起人，邀请学科互补的同学一起合伙做"校园外卖平台"的开发与运营，请问你准备确定哪种合伙方式，为什么？

4. 相互磨合

在确定了合伙关系后，合伙人之间在创业经营过程中还需要进行长期的沟通、磨合，建议重点做好以下几项工作：①明确分工，避免人人都是领导；②利润公平分配，避免利润按人头分配；③重视坦诚沟通；④签订书面契约，避免口头约定。

创客咖啡

创业团队契约
治理

微课

高效核心团队
的建设

项目五　组建创业团队

四、高效核心团队的打造

创业者在创业的同时，一定要建立一个共同成长、共同发展的高效核心团队，而团队的成员应是在一段时间内，从感情上、利益上、追求上，能够为了企业"捆"在一起共同发展的一群人。

1. 核心团队成员的招募原则

虽然不同的创业项目需要不同的核心团队成员，但总的来看，核心团队成员的招募大体应遵循下列 4 个基本原则。

① 目标明确、合理原则。目标必须明确，这样才能使核心团队成员清楚地认识到共同的奋斗方向是什么，才能将其凝聚起来。与此同时，目标也必须是合理的，这样才能真正达到激励核心团队成员的目的，反之则可能导致核心团队成员失去奋斗的信心。

② 互补原则。创业者之所以寻求团队合作，其目的就在于缩小创业目标与自身能力之间的差距。只有核心团队成员相互在知识、技能、经验等方面实现互补，才有可能通过相互协作产生"1+1>2"的协同效应。而只有技术精湛的研发人员或只有能力高超的管理者是无法实现技能互补的，如此也就失去了组建团队的意义，即使组成了核心团队，也不可能很好地发挥作用，甚至可能限制某些有才能的人，从而带来一些负面影响。

③ 精简高效原则。为了减少创业期的运作成本，最大限度地分享创业成果，核心团队的构成应在保证企业高效运作的前提下尽量精简。

④ 动态开放原则。创业过程是一个充满不确定性的过程，核心团队成员可能因为能力、观念等方面的原因不断离开，同时也有人要求加入核心团队。因此，在招募核心团队成员时，应注意保持团队的动态性和开放性，使真正完美匹配的人员能被吸纳到核心团队中。

想一想

对照高效核心团队成员的招募原则，试着挑选一个由于团队成员导致企业出现经营问题的案例，并分析原因。

_____

_____

2. 团队凝聚力的打造方式

团队凝聚力是指团队对成员的吸引力，成员对团队的向心力，以及成员之间的相互吸引力。

团队凝聚力不仅是维持团队存在的必要条件，而且对团队潜能的发挥有很重要的作用。一个团队如果失去了凝聚力，就不可能完成组织赋予的任务，本身也就失去了存在的条件。一般而言，团队凝聚力的打造方式有以下5种。

（1）确定共同目标

共同目标能够为团队成员指引方向和提供动力，使个体提高绩效水平，使群体充满活力。只有当个体、群体、企业三者的利益一致时，才能保证最佳业绩。从短期看，创业项目要有一个工作目标；从长期看，创业者要有一个使全体员工共同为之奋斗的发展规划与蓝图。无论是短期目标还是长期目标，创业者都必须做到与员工充分沟通，要让员工看到创业项目成功及个人成长的希望。

确定共同目标要注意以下5点。一是要充分了解由什么样的人来确定共同目标。一般情况下，共同目标要由团队的领导者和团队核心成员确定。二是共同目标必须与团队的愿景相连接，两者的方向相一致。愿景是勾勒团队未来的一幅蓝图，具有挑战性，可以激励团队成员勇往直前。三是必须发展一套保证共同目标运行的程序。确定后的共同目标不一定是准确的，需要团队根据工作中遇到的实际问题随时纠正和修正，向正确的方向引导。四是必须将共同目标进行有效分解。共同目标来源于愿景，愿景又来源于组织目标，而团队需要在与组织目标协调一致的基础上，建立团队目标；同时团队中每个成员的个人目标也需要根据团队目标制定与调整。五是必须把共同目标有效地传达给所有的团队成员及相关人员。

創客咖啡

团队目标需要
保持一致

（2）分配团队成员角色

创业团队成员各自的特长不同，为避免职责与权限不清晰导致的冲突，需要进行准确的角色定位，使得成员的工作范围与特长相匹配。一个团队只有在具备了范围适当、作用平衡的团队角色后，才能充分发挥高效的协作优势。一般来说，团队需要的角色有以下8种类型。

一是主导者。主导者能够耐心听取他人的意见，但在反驳他人的意见时会表现出足够强硬的态度；能很好地授权于他人，是一个好的咨询者，一旦做了决定不轻易变更。

二是策划者。策划者是一个"点子型人才"，知识面广，思维活跃并且发散，喜欢打破传统。

三是协调者。协调者能够引导一群拥有不同技能和个性的人向着共同的目标努力；成熟、自信，办事客观，不带个人偏见；除权威之外，更有一种个性的感召力；在团队中能很快发现各成员的优势，并在实现目标的过程中妥善安排。

四是信息者。信息者能够与人交往，在交往的过程中获取信息；对外界环境十分敏感，一般最早感受到变化。

五是创新者。创新者拥有高度的创造力，思路开阔，观念新，富有想象力，有挑战精神，会推动变革；爱出主意，其想法有时会比较激进和缺乏全面性。

六是实施者。实施者能够将主意变为实际行动；非常现实、传统，甚至有点保守；崇尚努力，计划性强；有很好的自控力和纪律性；对团队忠诚度高，为团队整体利益着想而较少考虑个人利益。

七是推广者。推广者能够说干就干，办事效率高，自发性强，目的明确，有高度的工作热情和成就感；遇到困难时，总能找到解决办法，而且一心想取胜，具有竞争意识。

八是监督者。监督者能够对工作方案的实施等进行监督；喜欢重复推敲一件事情，决策时能把范围很广的因素都考虑进去；挑剔，但不易情绪化，思维逻辑性很强。

在实际工作中，一个团队不一定要全部具备以上 8 种类型的角色，要根据实际情况来确定。

（3）完善团队成员的技能

只有懂得不断充实自我的学习型团队，才能在不断发展的社会中创造出更多的"奇迹"。高效核心团队需要 3 种不同技能类型的成员：具有技术专长的人，具有发现、解决问题和决策技能的人，具有较强人际交往能力的人。创业者要让团队成员有培训发展的空间，鼓励他们不断学习、努力提升技能，更重要的是要让他们在自己感兴趣的岗位上进行实践锻炼。

（4）建立奖惩机制

新创企业应建立一套适合自身发展阶段的奖惩机制，能对创业团队成员起到约束与激励的作用。奖惩机制的设计可以考虑采用制度化管理和人性化管理相结合的原则，从成员的实际需求与工作职责出发，以创业共同目标与企业文化为指引，形成规范的规章制度。一个有活力的团队往往以"奖"为主，明确的奖惩机制既能使成员正确认识工作的实际效果，保障自身利益，又能了解未来可改进的方向，从而最大限度地激发工作动力。另外，随着创业项目的成长，奖惩机制也需要动态调整。

想一想

创业团队的奖励方式可以有哪些？创业团队如何惩罚不称职的团队成员？

（5）培养互信精神

① 利用多种形式，坦诚沟通。团队成员之间的坦诚沟通有利于团队成员理解团队任务和及时了解其他成员的工作进展情况，从而对自己的工作进行适当调整，以便更好地完成团队任务。在有效沟通的基础上，个体与团队才能维持相互信任，增强个体对团队的归属感。

② 显示出真正的关切，建立团队之间的互信。团队凝聚力在很大程度上取决于团队成员之间的联系度和和谐度。多组织各种团队活动一方面可以联络团队成员的感情，另一方面可以让团队成员了解彼此的性格、特长，从而更有利于大家在工作中相互配合。对于资金有限的新创企业来说，为员工庆祝生日、定期组织爬山或郊游类集体活动、积极帮助员工解决一些实际困难等，均不失为增强团队凝聚力和向心力的好办法。

自学自测

一、单选题

1. 以下关于组建创业团队的描述不正确的是（ ）。

A. 有利于分散风险和减轻压力

B. 有利于促进多元化思考，碰撞出创意的火花

C. 有利于进行科学决策，提高创业成功的可能性

D. 能保证创业成功

2. "整个创业项目最初创意的来源"是创业团队中的（ ）。

A. 发起人　　　　B. 合伙人　　　　C. 核心团队成员　　　　D. 普通员工

3. 选择合伙人时首先应做的工作是（ ）。

A. 挑选合适人选　B. 明确合伙原因　　C. 确定合伙方式　　　D. 相互磨合

4. "发起人与合伙人的投资额和收益额均相等，但企业日常的经营管理由发起人负责，合伙人不参与"属于合伙方式中的（ ）。

A. 完全均等模式　　　　　　　　　B. 完全差异化合伙模式

C. 管理强化合伙模式　　　　　　　D. 第三方管理模式

5. （ ）能够为团队成员指引方向和提供动力，使个体提高绩效水平，使群体充满活力。

A. 授权　　　　　B. 共同目标　　　　C. 互补　　　　　　D. 奖惩

二、多选题

1. 合适的合伙人选应具备的基本条件包括（ ）。

A. 志同道合　　B. 优势互补　　　C. 德才兼备

D. 能力超群　　E. 爱好相同

2. 要选择合适的合伙人，发起人可从（ ）方面考虑。

A. 风险承担能力　　　　　　　　　B. 创业项目的复杂程度

C. 是否存在创业短板　　　　　　　D. 观点是否完全一致

E. 创业项目的规模等具体情况

3. 以下属于创业团队成员的有（ ）。

A. 发起人　　B. 合伙人　　　　C. 核心团队

D. 普通员工　　E. 供应商

4. 核心团队成员的招募原则有（ ）。

A. 目标明确、合理　B. 互补　　　　C. 精简高效

D. 风险共担　　E. 动态开放

5．团队凝聚力的打造方式有（　　　　）。

A．确定共同目标　　　　　　　B．分配团队成员角色

C．完善团队成员的技能　　　　D．建立奖惩机制

E．培养互信精神

三、判断题

1．核心团队的成员是由参与经营的创业项目所有者（含创业项目发起人和合伙人）招募而来的，由在技术、营销、财务等方面技能互补的人员构成。　　　　　　（　　　）

2．创业项目复杂程度越高，越需要进行周密的考虑，对发起人的要求也就越高。此时，独自创业较好。　　　　　　　　　　　　　　　　　　　　　　　　（　　　）

3．对发起人而言，争取到越多合伙人就越能将每个人的价值最大化。　（　　　）

4．奖惩机制的设计不需要考虑人的需求。　　　　　　　　　　　　（　　　）

5．团队凝聚力不仅是维持团队存在的必要条件，而且对团队潜能的发挥有很重要的作用。　　　　　　　　　　　　　　　　　　　　　　　　　　　　　　（　　　）

四、简答题

1．简述创业团队的组建流程。

2．简述团队创业与个人创业相比的优势和劣势。

3．简述核心团队成员的招募原则。

4．简述团队凝聚力的打造方式。

课中实训

实训一　选择合伙人

任务 1　制订选择合伙人的计划

任务描述　学生小组根据前期选定的创业项目的要求，分析合伙目的，建立合伙人选择标准，明确寻找合伙人的途径等，并将相关要点填入表 5-1。

表 5-1　合伙人选择计划

研究目标	研究成果		
合伙目的	□风险分担　　　　□能力互补 □补齐关键资源短板　□其他		
合伙人选择标准			
寻找合伙人的途径	□在亲友圈中寻找　　□经亲友或熟人介绍　□专业社区 □客户或同行　　　　□公开征集　　　　　□委托猎头 □其他途径		
合伙方式	□完全均等模式　　　□管理强化合伙模式 □完全差异化合伙模式　□第三方管理模式		

任务 2　策划合伙方式

任务描述　学生小组根据任务 1 中的合伙人选择计划，设计合伙方式，并将每种合伙方式的具体方案填写在表 5-2 中。

表 5-2　策划合伙方式

研究目标	研究成果
完全均等模式	
管理强化合伙模式	
完全差异化合伙模式	
第三方管理模式	

实训二 打造高效核心团队

任务 1 撰写团队成员简介

任务描述 学生小组整理、完善前期选定的创业项目的相关内容，介绍该创业项目团队的成员，并将相关要点填入表 5-3。

表 5-3 创业项目团队成员简介

研究目标		研究成果
创业团队成员简介	成员 1（姓名、年龄、职务、最高学历及专业、主要工作经历、优势专长）	
	成员 2（姓名、年龄、职务、最高学历及专业、主要工作经历、优势专长）	
	成员 3（姓名、年龄、职务、最高学历及专业、主要工作经历、优势专长）	
	成员 4（姓名、年龄、职务、最高学历及专业、主要工作经历、优势专长）	

任务 2 打造团队凝聚力

任务描述 学生小组分析核心团队成员的相关要求及如何从多个方面打造团队凝聚力，整理打造团队凝聚力的具体内容，并将具体实施方案填入表 5-4。

表 5-4 打造团队凝聚力

研究目标		研究成果	
确定共同目标			
分配团队成员角色		成员 1 角色：　　　　成员 2 角色： 成员 3 角色：　　　　成员 4 角色：	
完善团队成员的技能	成员 1	主攻技能：	
		辅助技能：	
	成员 2	主攻技能：	
		辅助技能：	
	成员 3	主攻技能：	
		辅助技能：	
	成员 4	主攻技能：	
		辅助技能：	
建立奖惩机制	奖励机制		
	惩罚机制		
培养互信精神			

复盘反思

1. 知识盘点：通过对"组建创业团队"这一项目的学习，你认为组建创业团队的过程是怎样的？请画出过程图。

2. 方法反思：在完成本项目学习和实训的过程中，你学会了哪些分析问题和解决问题的方法？

3. 行动影响：在完成本项目学习和实训的过程中，你认为自己还有哪些地方需要改进？

任务实施评价

技能点评价表

使用说明　按评价指标评价项目技能点成绩，满分为 100 分。教师评价占 70%，学生互评占 30%。

	技能点评价指标	分值	得分
组建创业团队	合伙人选择计划逻辑清晰、内容完整	15	
	合伙人选择标准符合创业项目要求且清晰	15	
	寻找合伙人的途径具体且有针对性	20	
	合伙方式合理，能够适应创业项目与团队的发展	15	
	核心团队成员优势互补、分工明确	20	
	打造团队凝聚力的过程详细、完整	15	

素质点评价表

使用说明　按评价指标评价项目素质点成绩，优秀为 5 分，良好为 4 分，一般为 3 分，合格为 2 分，不合格为 1 分。评价分为学生自评与小组成员互评。

评价对象	素质点评价指标	得分	评价对象	素质点评价指标	得分
自评	团队协作能力		成员2	团队协作能力	
	交流沟通能力			交流沟通能力	
	信息素养和学习能力			信息素养和学习能力	
	独立思考和创新能力			独立思考和创新能力	
成员1	团队协作能力		成员3	团队协作能力	
	交流沟通能力			交流沟通能力	
	信息素养和学习能力			信息素养和学习能力	
	独立思考和创新能力			独立思考和创新能力	

注：①团队协作能力，指能与小组成员合作完成项目；②交流沟通能力，指能良好地表达自己的观点，善于倾听他人的观点；③信息素养和学习能力，指善于搜集并借鉴有用的信息、好的思路和想法；④独立思考和创新能力，指能提出新的想法、建议和策略。

课后提升

案例 艾拜客创业项目的团队组建

（1）核心团队

成员 1 鲁××，担任公司总经理，资深骑行爱好者，大学生创业者，负责公司的日常管理、市场开拓、高端客户维护等工作。

成员 2 贾×，担任公司开发经理，骑行爱好者，机械设计中级工程师，从事机械设计工作多年，了解各种生产流程及工艺，具有独特的创新思维，现负责公司的产品研发设计工作。

成员 3 郭××，担任公司销售总监，曾为自行车赛车手，拥有多年店铺维修经验，精通各类配件的知识，2016 年获得上海 SHIMANO 高级维修中心认证技师证书，现任公司技术指导，并为公司零配件产品的研发提供技术支持。

（2）支持团队

① 内部支持团队。

成员 1 张××，负责所有自行车销售工作，担任自行车销售部经理，为常州七八单车的创始人，是常州骑行地图的主编。

成员 2 付××，负责所有的跨境电商工作，包括速卖通、敦煌、Wish 等平台的业务。

成员 3 李××，电子商务专业，负责日常线上线下商品的出库单及日报表、月结客户的统计，协助总经理工作，负责实习人员的招募与管理。

② 外部支持团队。

创业顾问 钱××，中国澜沧江漂流探险队队员，环球旅行家，曾单人骑行 21 000 千米横穿亚欧大陆，历时 13 个月，骑行经过 18 个国家，长居欧洲，负责公司海外商品的引进和 RICHY 品牌的海外推广与销售。

技术支持 1 赵××，高级工程师，电子信息工程专业博士。

技术支持 2 骆××，博士，车辆工程专业。

技术支持 3 王××，高级研发工程师（嵌软工程师），网络工程专业。

思考题

1. 分析艾拜客创业项目团队的构成，思考各类成员在创业项目中各自扮演什么角色，以及他们为什么选择这样的团队组合。

2. 处于起步阶段的创业团队应如何进行磨合？

06 项目六 整合创业资源

项目六
思维导图

⚒ 背景与任务

在确定了创业项目和组织了创业团队后，常小信意识到，接下来要和已经进入成熟发展期的很多大公司竞争。如何让自己的创业项目成功落地，在尽量降低创业风险的同时提升企业的竞争力？他开始有些"犯怵"了。看到常小信有畏难情绪，导师鼓励他，虽然新创企业资源相对比较匮乏，但他所具备的创业精神、创新技术和创意模式同样具有战略性。作为创业者，他一方面应有效利用自身优势资源创造最大的价值，另一方面可通过科学获取和整合各类创业资源，形成强大的竞争优势。看到常小信重拾信心和动力，导师给他布置了新一阶段的任务：①分析本创业项目的创业资金需求情况，梳理创业资金获取途径；②分析本创业项目的技术需求情况，设计技术资源获取方案；③分析本创业项目的人力资源需求，设计人力资源获取方案。

⚒ 学习目标

- **知识目标**
  1. 掌握创业资金需求量测算方法，了解创业资金的筹集方式与筹集渠道。
  2. 了解技术资源的获取渠道。
  3. 掌握员工招聘、甄选与录用的方法与要点。

- **能力目标**
  1. 能合理筹划创业资金的筹集活动。
  2. 能树立技术创新的创业理念，并有效获取所需的技术资源。
  3. 能完成高素质人才的获取和开发工作。

- **素质目标**
  1. 具有基本的进入市场和在社会中生存的本领，尤其要具备适应环境的能力。
  2. 具备依法规范自身行为的意识。
  3. 具有科学精神和态度，能够尊重并积极参与到技术创新与实践运用的活动中。

- **价值目标**
  1. 培养尊重科学、勇于探索的科学精神。
  2. 培养诚实守信意识，激发整合资源、创新创业的热情和动力，在价值创造的过程中明确自身价值和社会定位。
  3. 理解党和国家对青年的关心和关爱，具备高度的民族自豪感和民族自信心。

课前自学

一、创业资金的获取

▶ 微课

创业资金的获取

任何创业活动都需要一定的资金支持。然而从实践来看，大部分创业者遇到过资金短缺的问题。创业者能否快速、高效地筹集资金已经成了决定创业成败的关键性因素。当商机出现时，创业者应全力筹集各种资源，尤其是资金。

⭐ 创客咖啡

创业所需资源的种类

（1）人力资源：创业者及其团队的洞察力、知识、能力、经验及社会关系。

（2）物质资源：企业运行所必需的有形资产、工具和设备。

（3）技术资源：工艺或系统转化方法。

（4）财务资源：企业创建和成长所需要的资金。

（5）组织资源：规章制度、协调能力、组织知识、组织关系和结构。

（6）市场资源：各种有利的经营许可权、关系资源（顾客、社区、金融机构等）、杠杆资源（不属于企业所有，但可以通过代工生产、特许经营、加盟连锁、虚拟经营等方式为企业所用的资源），以及其他可利用的市场资源。

1. 创业资金需求量预测

在进行融资之前，创业者不应草率地做出融资决策，而应量力而行。融资意味着需要成本，融资成本可能是资金的利息成本，也可能是昂贵的融资费用和不确定的风险成本。因此，创业者只有在经过深入分析，确信利用筹集的资金所预期的总收益要大于融资的总成本时，才有必要考虑筹集资金。

由于每一家新创企业都需要投入资金，有时需求量还很大——创业者需要资金购买或租赁机器设备，采购原材料，雇佣员工，组织运营等。企业一系列的活动会频繁产生支出，而且这些支出都发生在产生收入之前。所以，创业资金需求量预测是初创企业筹资活动的起点，预测时应考虑 3 部分资金的需求量，如图 6-1 所示。

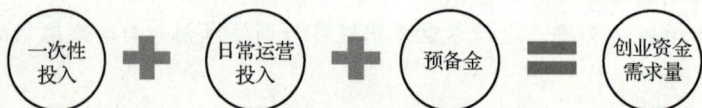

一次性投入 ➕ 日常运营投入 ➕ 预备金 ＝ 创业资金需求量

图 6-1 创业资金需求量

① 一次性投入。一次性投入包括创业必需的固定设施及设备（如计算机设备、打印机及传真设备、机器设备、办公桌椅等）投资、网站系统开发费用、开办费（含开业登记费、获取执

业资格证书及初期公关、人员培训等的费用）等。

② 日常运营投入。日常运营投入包括购买并存储商品的费用、营销费用、促销开支、员工薪酬福利、交通住宿费用、接待开支、设备维护费用、房屋租金、宽带费用、水电费及其他日常的办公费用。需要注意的是，企业在创业初期要运转一段时间才能有销售收入，故应至少保证 3 ~ 6 个月的流动资金使用量。

③ 预备金。预备金用于涨价、损失、遗漏等各种意外支出，一般按照前两项总和的 10% 左右进行准备。

🔲 创客咖啡

创业资金需求量测算方法

2. 创业资金的筹集原则

创业者在筹集资金的过程中要研究影响资金筹集的各项要素，讲求综合经济效益，可以参考以下 6 个原则科学地筹集创业资金。

（1）筹集规模适当

对创业者而言，以任何方式筹集资金均需承担资金成本。过量筹集资金会导致成本过高，资金不足则可能导致创业项目无法顺利开展。因此，创业者首先应合理地确定创业资金需求量，努力提高筹资效率。在数量上，创业者应以满足最低必要资金为筹集目标，一方面要保证经营运行的启动资金足够，另一方面要避免因借款过多而增加负担，也要避免无节制的开销造成浪费。

想一想

对新创企业而言，创业资金需求量预算过多或过少，会有什么样的影响？

_____

_____

（2）筹资条件良好

筹资要具备较好的吸引资金的条件。良好的筹资条件主要包括经营者的经营方向符合社会需要及当地的自然经济条件，经营管理水平高，所经营项目的经济效益好，经营者的形象好、信誉高，经营者具备偿还债务的能力等。

（3）筹资风险控制

筹资风险主要指财务风险，即由于资金借入导致负债经营而可能产生的风险。创业者需要客观地考虑经营风险的大小、借入资金的利率水平和企业的资本结构等因素。

☆ 创客咖啡

财务风险与经营风险逆向搭配策略

新创企业的经营都面临着极强的不确定性。研制的产品能否成功，研制成功的产品能否被顾客接受，被顾客接受的产品能否达到适当的生产规模，可以规模生产的产品能否取得相应的市场份额等，都存在很强的不确定性，即企业有着很高的经营风险。此时需要给投资人很高的回报才能吸引资金，这就大大增加了企业的融资成本。如果此时创业者再以较大的比例进行债权融资，那么又会增加企业的财务风险。

因此，创业者为了控制企业的总风险，在高风险的创业阶段应较多地使用权益资本而非债权资本。综上所述，财务风险与经营风险逆向搭配策略是制定企业资本结构的一项战略性原则。产品或企业在不同发展阶段有不同的风险，企业应采用不同的财务策略。

（4）筹集及时

创业者需要提前制订创业资金筹集计划，适时获取资金，尽量使资金的筹集和使用在时间上互相衔接，既要避免超前筹资造成的闲置和浪费，又要避免滞后而错失良机，从而满足资金及时投放的需要。

（5）来源合理

合理安排资金来源结构，保持适当的偿债能力，实现分散筹资风险、降低筹资成本的目的。利率高低是选择筹资方式的主要标准，利息支出额的大小直接影响创业者的利润。创业者要衡量各种筹资方式，必须选择利率低于预期利润率的借款，对风险较大的产品，不可轻易借利率高的借款。

（6）方法经济

创业者应合理安排资本结构，正确计算资金成本，合理确定融资渠道和方式的组合。

▶ 微课

创业资金的筹集方式与渠道

3. 创业资金的筹集方式

创业资金的筹集方式主要是解决通过何种方式取得资金的问题。根据筹集资金性质的不同，创业资金的筹集方式可分为股权筹资和债权筹资两类，二者的比较如表 6-1 所示。

表 6-1　股权筹资与债权筹资的比较

项目	股权筹资	债权筹资
投资人的角色	新加入的合伙人（或股东）	债主
本金偿还义务	无偿还义务	到期必须偿还
报酬	随经营情况而定，有利润可分红，无利润则无须支付	事先约定固定金额的利息
经营风险承担	承担	不承担
对企业的控制权	按投入时的约定享有	无
典型形式	吸收直接投资	银行借款、商业信用、融资租赁

具体而言，对于尚处于创业初期的创业者而言，可采用的筹集方式如下。

（1）吸收直接投资

创业者可联合志同道合的朋友或家庭成员合伙投资，也可寻得和自己理念一致的创业伙伴

组建创业团队，由创业团队的人共同筹资，分担创业经济压力，以获得足够的创业资金，支持创业项目发展下去。

（2）向银行借款

创业者可以利用自己的房产、交通运输工具、土地承包经营权、存单、有价债券或保单来办理抵押或质押贷款。贷款到期，创业者必须如数归还，否则银行有权处理抵押品，作为一种补偿。

（3）商业信用

创业者可通过向供应商赊购商品、向采购商预收货款、开具商业承兑票据的形式获得短期的借贷资金。其中，赊购是购买商品时暂不付款，先记账，以后一次或分几次还款。信用是市场经济健康发展的必要条件，创业者通过商业信用获得资金以保证企业运营和扩大企业规模。这就需要企业建立自身的信用基础，并持续提高信用水平。

初心茶坊

信用报告的作用

初心茶坊

树立新创企业的信誉和可靠性

在竞争日益激励的商业环境中，企业信用评级已成为衡量一个企业信誉和可靠性的重要指标。创业者在确保企业持续健康发展的同时，也应做到税务合规、诚信经营和社会责任的履行。通常具有高水平的信用管理和良好信用记录的企业可以申请获得3A信用评级。拥有3A信用评级的企业可以取得更多的银行贷款，对于申报政府项目、国家无偿资助时有一定加分；允许企业在宣传手册、产品外包装、说明书、合格证等宣传载体上使用商务部信用Logo；并在资信评估有限公司的公示平台、中国招标投标网上进行公示，企业和企业上下游客户随时可查询，供应商和客户更高的信任度和认可度在为企业带来更多商业机会和市场份额的同时，也有利于企业利用商业信用筹资。

（4）融资租赁

对于刚刚创办的企业来说，进行生产需要投入固定资产购置资金，尤其是高科技企业，设备设施往往价格昂贵，创业者通常没有足够的资金购买固定资产，租赁几乎是唯一的选择。即使在资本充裕的条件下，创业者出于优化财务结构方面的考虑，也可能采用租赁的方式。融资租赁是一种以融资为直接目的的信用方式，表面上看是借物，而实质上是借资，以租金的方式分期偿还。该融资方式最大的优势在于不占用创业企业的银行信用额度，创业者支付第一笔租金后即可使用设备，而不必在购买设备上大量投资，这样资金就可调往最急需的地方。

创客咖啡

经营租赁与融资租赁的区别

租赁的形式主要有两种：经营租赁和融资租赁。其中，经营租赁是一种纯粹的、传统意义上的租赁，是由出租人将租赁物交付承租人使用、收益，承租人支付租金的一种租赁方式；而融资租赁是由出租人根据承租人对出卖人、租赁物的选择，向出卖人购买租赁物，提供给承租人使用、承租人支付租金的一种租赁方式。具体而言，二者具有以下显著的差别。

（1）租赁程序上的差别：融资租赁是由承租者向出租者提出正式申请，由出租者融通资金引进承租者所需的设备，然后再租给承租者使用；经营租赁是承租者可随时向出租者提出租赁资产的要求。

（2）租赁期限上的差别：融资租赁的租期一般为租赁资产寿命的一半以上；经营租赁的租期较短，不涉及长期而固定的义务。

（3）合同约束上的差别：融资租赁合同稳定，在租期内承租者必须连续支付租金，非经双方同意，中途不得退租；经营租赁合同灵活，在合理的限制条件范围内，一方可以解除租赁合同。

（4）租赁期满资产的处置上的差别：融资租赁的租期满后，租赁资产的处置有3种方法可供选择——转让、退租、续租；经营租赁的租赁期满后，租赁资产一般要归还给出租者。

（5）租赁资产的维修与保养上的差别：融资租赁在租期内，出租者一般不提供维修和保养设备方面的服务；经营租赁在租期内，由出租者提供设备的保养维修、保险等服务。

想一想

创业者在筹集资金时要优化自身的资本结构，那么，"无债经营"是不是最佳的选择？

4. 创业资金的筹集渠道

创业资金的筹集渠道是指取得创业资金的来源，目前主要有以下6种。

（1）自我筹集

自我筹集是大多数创业者的首选筹资渠道。处于创业初期的企业往往因为缺乏经营记录，只能依靠自身力量筹资。自我筹集不仅最为快捷、方便，而且也是创业者吸引来自其他渠道的成员为本项目投资的基础。作为创业项目的所有者，创业者首先要对项目有资金上的投入，以证明自己相信项目能够成功、有愿意为之付出的决心。

（2）向银行贷款

银行贷款相对较为规范、科学，但其发放贷款时通常有严格的审批条件和审查程序。从目前的情况看，银行贷款有以下5种。

① 抵押贷款，指借款人向银行提供一定的抵押品作为物品保证的贷款方式。抵押的标的物主要是不动产，例如房产等。

② 质押贷款，指借款人将其动产或权利作为债权担保的贷款方式。质押品通常包括有价证券、国债、股票及货物的提单、栈单或其他各种证明物品所有权的单据。

创客咖啡

贷款小窍门

③ 信用贷款，指银行仅凭对借款人资信的信任而发放贷款的贷款方式，借款人无须向银行提供抵押品。

④ 担保贷款，指银行以第三方依法为借款人提供担保为条件而发放贷款，并在必要时由第三方承担连带还款责任的一种贷款方式。

⑤ 贴现贷款，指借款人以未到期的票据向银行申请贴现而融通资金的贷款方式，这种方式中的信用关系简单。

（3）获得政策性创业资金支持

为鼓励大学生创业，政府针对大学生提供了融资政策和商务支持政策。融资政策是国家从金融支持的角度为创业者获得创业资金制定的一系列优惠政策，包括设立创业基金、鼓励金融机构为创业者提供融资支持、设立专门的贷款担保机构、为创业者提供信贷支持等。商务支持政策则是政府通过政策工具减少创业者在创业过程中的壁垒，以降低创业成本的一系列政策，包括降低市场准入门槛，针对创业企业制定税收减免政策等。大学生创业资金支持政策及主要内容如表6-2所示。

表6-2 大学生创业资金支持政策及主要内容

颁布时间	颁布部门	文件名称	主要内容
2010年	教育部	《关于大力推进高等学校创新创业教育和大学生自主创业工作的意见》	① 通过财政和社会两条渠道设立"高校毕业生创业资金""天使基金"等资助项目，重点扶持大学生创业； ② 为大学生创业企业提供至少12个月的房租减免； ③ 提供法律、工商、税务、财务、人事代理、管理咨询、项目推荐、项目融资等方面的创业咨询和服务，以及多种形式的资金支持
2014年	人力资源和社会保障部等9个部门	《关于实施大学生创业引领计划的通知》	① 加大对创业大学生的支持力度，简化反担保手续，强化担保基金的独立担保功能，适当延长担保基金的担保责任期限，落实银行贷款和财政贴息，重点支持吸纳大学生较多的初创企业； ② 鼓励企业、行业协会、群团组织、天使投资人等以多种方式向创业大学生提供资金支持，设立重点支持创业大学生的天使投资和创业投资基金； ③ 对支持创业早期企业的投资，符合规定条件的，按规定给予所得税优惠或其他政策鼓励
2015年	国务院办公厅	《关于深化高等学校创新创业教育改革的实施意见》	① 各地区、各有关部门要整合发展财政和社会资金，支持高校学生创新创业活动； ② 鼓励社会组织、公益团体、企事业单位和个人设立大学生创业风险基金，以多种形式向自主创业大学生提供资金支持，提高扶持资金使用效益
2017年	国务院	《关于强化实施创新驱动发展战略进一步推进大众创业万众创新深入发展的意见》	① 完善债权、股权等融资服务机制，为科技型中小企业提供覆盖全生命周期的投融资服务； ② 适时推广创业投资企业和天使投资个人有关税收试点政策，引导社会资本参与创业投资； ③ 推动国家新兴产业创业投资引导基金、国家中小企业发展基金、国家科技成果转化引导基金设立一批创业投资子基金

续表

颁布时间	颁布部门	文件名称	主要内容
2018 年	国务院	《关于推动创新创业高质量发展打造"双创"升级版的意见》	① 引导金融机构有效服务创新创业融资需求； ② 充分发挥创业投资支持创新创业作用； ③ 拓宽创新创业直接融资渠道； ④ 完善创新创业差异化金融支持政策
2020 年	国务院办公厅	《关于提升大众创业万众创新示范基地带动作用进一步促改革稳就业强动能的实施意见》	① 支持双创示范基地与金融机构建立长期稳定合作关系； ② 鼓励以双创示范基地为载体开展政银企合作，探索多样化的科技金融服务。鼓励金融机构与双创示范基地合作开展设备融资租赁等金融服务； ③ 支持双创示范基地内符合条件的企业发行双创孵化专项债券、创业投资基金类债券、创新创业公司债券和双创债务融资工具； ④ 支持将双创示范基地企业信息纳入全国知识产权质押信息平台。在有条件的区域示范基地设立知识产权质押融资风险补偿基金，对无可抵押资产、无现金流、无订单的初创企业知识产权质押融资实施风险补偿
2021 年	国务院办公厅	《关于进一步支持大学生创新创业的指导意见》	① 落实落细减税降费政策； ② 落实普惠金融政策。鼓励金融机构按照市场化、商业可持续原则对大学生创业项目提供金融服务，解决大学生创业融资难题； ③ 引导社会资本支持大学生创新创业
2022 年	财政部 教育部	《中央专项彩票公益金支持大学生创新创业教育项目资金管理办法》	项目资金经国务院批准，由财政部下达各省、自治区、直辖市和新疆生产建设兵团（以下统称省）财政部门，用于支持各地在教育部指导下组织实施大学生创新创业教育项目
2023 年	教育部	《关于做好 2024 届全国普通高校毕业生就业创业工作的通知》	积极鼓励和支持高校毕业生自主创业，落实创业支持政策，在资金、场地等方面向毕业生创业者倾斜，为高校毕业生创新创业孵化、成果转化等提供服务

在国务院和各部委出台的关于大学生创业资金的支持政策框架下，各省市也紧密结合地区实际出台了相关政策、措施、实施细则、管理办法等，包括政府扶持基金等。科技含量高的产业或优势产业可以申请政府扶持基金，若创立的是科技型中小企业，可以申请地方政府的创新基金。

<u>查一查</u>

本地区有哪些创新创业扶持政策？大学生可以获得哪些政策性创业资金支持？

_____

_____

（4）获取非银行金融机构资金

非银行金融机构资金是指信托投资公司、保险公司、租赁公司、证券公司、企业集团所属的财务公司等为企业提供的信贷资金投放，典型的是融资担保公司资金、典当行资金等。此类资金来源灵活多样，但筹集成本相对较高。

（5）获取天使投资人的投资

天使投资是权益资本投资的一种形式，指具有一定净财富的个人或机构，对具有巨大发展潜力的新创企业进行早期的直接投资，属于一种自发而又分散的民间投资方式。天使投资人可以分为如下几种类型：富有的个体投资人、家族型投资人、天使投资联合体、合伙人投资人。从天使投资人的背景来划分，天使投资人可以分为 3 类：管理型投资人、辅助型投资人、获利型投资人。

天使投资人因对创业者的创业能力、创业项目产生信任而投入资金，所以天使投资更强调项目的完整性和远景，也可以说对项目质量要求比较高。

（6）获取亲朋好友或其他企业的资金

对于大部分创业者来说，其由于处在起步阶段，贷款能力有限，相当一部分资金需要依赖自有资本，通常会采用向亲戚、朋友、同事、同学等借钱的方式获取资金，这也是最简便可行的方式。

从其他企业获得资金的具体方式既有长期稳定的联合经营，又有短期临时的资金融通、商业信用等。

在筹集资金的过程中，创业者必须注意以下几个问题。

首先，创业者要想顺利筹资，自己必须先拥有一定量的资金。这就要求创业者首先必须具备经济观念。创业者必须养成储蓄习惯，从而具备偿还能力。

其次，无论亲戚朋友给予的资金有多少，原则上创业者在经营事业时必须保证自己拥有主导权，即应该保持自己拥有最大的股权。否则的话，创业者在企业经营过程中就会由于过多地受到他人的制约而缺乏魄力。

初心茶坊

国家对大学生创业实施的优惠政策

创业者需要理解，创业资金的筹集渠道和筹集方式既有区别又有联系，一定的筹集方式可能只适用于某一特定的资金来源渠道，二者的对应关系如表 6-3 所示。

表 6-3 创业资金筹集渠道和筹集方式的对应关系

筹集渠道	筹集方式			
	吸收直接投资	银行借款	商业信用	融资租赁
自有资金	√			
银行信贷资金		√		
政策资金支持	√			
非银行金融机构资金	√	√		√
天使投资人投资	√			
其他居民或企业资金	√		√	√

二、技术资源的获取

在创业初期，创业技术是最为关键的资源之一，通常泛指根据生产经验和自然科学原理发展成的各种工艺、操作方法与技能。对于新创企业来说，好的产品、专业化和领先的技术是非常有力的敲门砖。因此，技术资源的获取至关重要。

▶ 微课

技术资源的获取

1. 技术资源的获取渠道

企业的技术水平不仅仅取决于自身的技术实力，也取决于企业所处环境的总体技术资源的丰裕程度和配置水平。按照技术资源的归属关系，新创企业获取技术资源的渠道可划分为内部获取渠道和外部获取渠道两类。

（1）内部获取渠道

内部获取渠道是指企业充分利用自身的研发力量，自主开发出创业项目所需技术的方式。通常创业者通过这类渠道获取并利用资源的过程在一定程度上是可控的。

初心茶坊

关键核心技术是要不来、买不来、讨不来的

实践反复告诉我们，关键核心技术是要不来、买不来、讨不来的。只有把关键核心技术掌握在自己手中，才能从根本上保障国家经济安全、国防安全和其他安全。要增强"四个自信"，以关键共性技术、前沿引领技术、现代工程技术、颠覆性技术创新为突破口，敢于走前人没走过的路，努力实现关键核心技术自主可控，把创新主动权、发展主动权牢牢掌握在自己手中。

（2）外部获取渠道

外部获取渠道指不包含在企业内的其他所有获取技术资源的渠道。企业从外部获取的技术资源可以是区域性的技术资源、行业领域的技术资源，甚至是国外的技术资源。企业外部的技术资源是企业可以通过一定的途径、付出一定的代价取得的。

想一想

对比外部获取渠道，内部获取渠道的优点及缺点有哪些？

_____

_____

2. 技术资源的获取方式

（1）独立研发新技术

独立研发新技术能保证现有创业团队对技术的绝对占有权，以及团队对创业经营活动的控制权。但在这种运营方式下，创业者只能依靠自己拥有的创新资源，面临漫长的开发周期，并为此承担较大的资金压力及巨大的开发风险，甚至未知的市场风险。

（2）吸引技术持有者加入创业团队

企业可在购买技术专利的同时雇佣专利的原有持有人。技术持有者是最熟悉该技术的人，将其雇佣为创业项目的员工，能够节省培训费用，同时能更好地促进技术的进一步开发与创新。创业者与技术持有者合伙，充分体现了组建创业团队需遵循的能力互补原则。此种方式的优点在于随着技术持有者的加入，创业项目能以最快的速度引入最关键的技术资源，但这种方式也存在一定的弊端，诸如创业项目受技术持有者是否愿意加盟的影响、创业者对创业项目的控制削弱等。

（3）通过产学研合作研发新技术

创业者还可以整合企业之外的技术资源，尽可能地与科研院所、高等院校合作，因为那里有技术前沿人才，而且科研院所、高等院校的人才也很愿意把自己的技术资源转化为产品，实现技术成果的转化。

（4）购买他人的成熟技术

通过购买他人的成熟技术，创业者可大大节约时间，在对技术进行市场寿命分析的基础上，可直接进入产品量产阶段，有利于及时抓住商机。

（5）购买他人的前景型技术

创业者可以购买他人的前景型技术，再通过后续的完善开发，使之达到商业化要求。前景型技术相对于成熟技术而言，购买的成本较低。企业可以在购买后，根据自身的实际情况进行后续的研发，从而提升技术的应用价值，为自身带来效益。

⭐ **创客咖啡** ━━━━━━━━━━━━━━━━━━━━━━━━━━━━━━━━━━━━

蒙牛的资源整合

蒙牛的快速发展与资源整合密不可分。蒙牛的创立者牛根生当年创业时，也跟很多人一样缺少资源，可是蒙牛却跑出了火箭一般的发展速度。他整合工厂，整合政府农村扶贫工程，整合农村信用社资金；没运输车，整合个体户投资买车；没宿舍，整合政府出地，银行出钱，员工分期贷款。这样一来，农民用信用社贷款买牛，蒙牛用品牌担保农民生产出的牛奶包销，蒙牛一分钱没花，整个北方地区却有300万农民在为蒙牛养牛。

任何创业者能占用和支配的资源都是有限的。创业者要实现自己的发展目标，需要利用自己能够占用和支配的资源与他人交换自己所需的资源，同时让对方也能得到他想要的资源。这就是整合资源的重要法则，创业者不明白这个道理，在整合过程中就会遇到障碍，甚至陷入山穷水尽的境地，难以实现自己的目标。

（资料来源：豆瓣网）

三、人力资源的获取

▶ 微课

人力资源的
获取

与成熟企业相比，初创企业通常不能凭借企业声望或雄厚的实力吸引并获取人才，但其对人才的渴望与需求程度更甚，所以创业者应集中力量获取需要的人力资源。

1. 确定选人流程

企业在创业初期获取人力资源的主要目的是获取满足其生产经营需要的人员，宣传企业形象，增强企业在劳动力市场中的影响力，把企业所需的潜在员工尽量吸引过来，同时，达到劳动力供需双方信息的充分交流与沟通，顺利实现交易的目的。在创业初期，企业获取人力资源首先要确定选人流程，如图6-2所示。

| 列明哪些工作核心团队无法完成 | ➡ | 详细列明所需雇员的技能和要求 | ➡ | 确定每项工作所需的人数 | ➡ | 确定人员筛选标准 |

图6-2 选人流程

（1）列明哪些工作核心团队无法完成，即识别出哪些工作（或岗位）空缺，需要招募雇员。

（2）详细列明所需雇员的技能和要求。分析空缺岗位的性质、任务、职责、劳动条件和环境，以及职工承担本岗位任务应具备的资格、条件。

（3）确定每项工作所需的人数。考虑这个阶段业务发展的实际需要，以及企业实际拥有的资源，在经济性原则的指导下，避免招募人员数过少引起工作效率低的现象，以及人员数过多带来的重复劳动、推诿等职责不明的现象。

（4）确定人员筛选标准。标准可以包括筛选简历时的标准、电话约人标准、初试筛选标准等。对处于创业初期的企业而言，在确定人员筛选标准时，可以将有无创业经历或想法等作为参考条件；尽量避免招募远程办公的员工，因为企业文化始终是需要靠人来传播的，应尽可能地保证每个人都在同一个地方工作。

▶ 创客咖啡

新创企业
如何制定招
募决策？

2. 选择招聘方式

一些较成功的创业公司往往会花比一般人想象中更长的时间来寻找合适的招聘方式。初创企业可以采取以下6种招聘方式。

（1）内部选拔

企业可以分析企业内部员工的胜任力，再进行合理的岗位配置。这种方式的特点是费用极少，能极大地提高员工的士气；申请者对企业相当了解，适应企业的文化和管理，能较快进入工作状态；可以在内部培养出一人多能的复合型人才。

（2）员工推荐

在员工认为企业有希望、能提供发展机会的前提下，企业可鼓励员工推荐自己的朋友、前同事，甚至是有能力的亲戚。对于一些新创企业而言，员工推荐是非常主要的人才获取渠道，也有很多事实证明，员工推荐来的人才甚至比

▶ 创客咖啡

内部员工推荐
招聘模式

从招聘网站招到的人才质量还要高。

（3）发布招聘广告

招聘广告是能把企业的招聘信息传达给那些具备相关才能的人，并促使其采取最强烈的响应行动的广告。招聘广告的常规发布渠道包括互联网、报纸、杂志、广播电视等。发布招聘广告的作用一方面是将有关工作的性质、要求，雇员应具备的资格等信息提供给潜在的申请人，另一方面是向申请人宣传企业的优势。

（4）借助职业介绍机构

职业介绍机构的作用是帮助企业选拔人员，节省企业的时间。如果需要长期借助职业介绍机构，企业应该把职务说明书和相关要求告知职业介绍机构，并委派专人同机构保持稳定的联系。

（5）借助猎头公司

猎头公司是与职业介绍机构类似的就业中介机构，但由于特殊的运作方式和服务对象的特殊性，它经常被看作是一种独立的招聘方式。对于急需的高级管理人才、高级技术人才、营销精英等，企业可以通过猎头公司来招聘。

（6）校招

与大公司相比，新创企业虽然优势不大，但是可以利用大公司看不到的盲点。例如，通过校招给一些有潜质但是缺少工作经验的应届生实习机会，并且给予其足够的成长空间。

想一想

不同类型的招聘方式各自的优点和缺点有哪些？它们分别适合于招聘哪类人员？

_____

_____

⭐ **创客咖啡** ───────────────────────────

生产员工如何迅速招募到位

首先，企业可同期到多个院校进行校招，直接招聘合适的人员。

其次，企业可大量和当地有影响力的人才中介机构沟通，签订相关人员输送协议，由人才中介机构通过相应渠道招募大量社会人员，企业进行相应筛选，确定合格人选。

最后，企业可将生产员工招聘广告在各大劳务市场全面发布，企业相关人员全天候在劳务市场展开招聘活动。

3. 甄选员工

甄选员工是企业从应聘者中选出需要的最合适的人员的过程，是招聘管理中技术性最强和难度最大的阶段。一般而言，甄选员工可从以下 3 个方面考虑。

（1）应聘者能做什么

企业首先应甄别应聘者能力水平的高低，一般主要围绕三大问题展开甄别：应聘者是否有能力做好这项工作，这些能力如何表现出来？应聘者是否具有某些特殊技能？应聘者是否有在企业内发展的潜力？

（2）应聘者愿意做什么

企业考虑此方面内容的主要目的在于判断应聘者的工作动机，进而预测将来其能否全力投入工作及在本企业工作的稳定性，一般主要围绕下列问题展开甄选：应聘者对该项工作是否真的有兴趣？应聘者为什么愿意来企业工作？应聘者是否能在企业长期干下去？应聘者过去的工作经历能否说明他具有稳定性？应聘者是否能够一心一意为企业工作？

（3）应聘者与所招募岗位的匹配性

企业考虑此方面内容的主要目的在于判断应聘者能否胜任岗位、能否融入现有团队，一般围绕下列问题展开甄选：应聘者的能力和知识是否适应将来的工作要求？应聘者的个性特点是否适合该工作和工作环境？应聘者是否能适应企业的文化氛围？应聘者是否能被他的同事或下属接纳？

4. 录用新员工

新员工的录用工作不仅在于发放录用通知，更多的在于新员工上岗引导、新员工培训和访查等，其核心目的是帮助新员工适应工作岗位，尽快熟悉和驾驭工作内容。一般而言，新员工录用工作的流程遵循"背景调查→体检→做出录用决策→通知应聘者→签订劳动合同"五大环节。

（1）背景调查

背景调查通常是指企业通过第三方人员对应聘者的情况进行了解和验证。如果没有仔细地考核所选定应聘者的背景材料，企业通常不会放心地将工作交给应聘者，尤其是涉及企业切身利益的职位，对应聘者背景资料的核实就越发重要。

这里的第三方人员主要指应聘者原来的雇主、同事及其他了解应聘者的人员，或者能够验证应聘者提供资料的准确性的机构和个人。背景调查的内容通常包括应聘者的工作经历、学历、从业许可是否属实，信用状况是否良好，是否有犯罪记录等。

（2）体检

体检的目的有3个：①确定应聘者是否符合空缺职位的身体素质要求，发现在为应聘者安排工作时应当考虑的体格局限因素；②建立应聘者健康档案，以服务于未来的保险或员工的赔偿要求；③通过确定应聘者的健康状况，降低缺勤率和减少事故。

想一想

新员工入职体检的作用有哪些？

_____

_____

（3）做出录用决策

在做出录用决策前，企业需要对应聘者进行两种比较：一是候选人之间的比较；二是候选人与招聘标准之间的比较。需要注意的是，当候选人素质差不多时，企业还应考虑候选人的核心技能和潜在工作能力；在候选人工作能力基本相同时，优先考虑其工作动机；不任用超过任职资格条件太多的人；当对候选人缺乏足够信心时，不能将就；尽量减少做出录用决策的人，以免难以协调不同意见；如仍无法选定，可再做一次比较。

（4）通知应聘者

如果决定录用，企业应及时采用书面通知或电话通知等形式进行通知应聘者，欢迎其加入企业。

（5）签订劳动合同

在做出录用员工的决定后，企业应尽快与之签订劳动合同。根据《劳动合同法》第十条规定，"建立劳动关系，应当订立书面劳动合同。已建立劳动关系，未同时订立书面劳动合同的，应当自用工之日起一个月内订立书面劳动合同。"同时，《劳动合同法》第十四条规定，"用人单位自用工之日起满一年不与劳动者订立书面劳动合同的，视为用人单位与劳动者已订立无固定期劳动合同。"此外，《劳动合同法》第八十二条规定，"用人单位自用工之日起超过一个月不满一年未与劳动者订立书面劳动合同的，应当向劳动者每月支付二倍的工资"。

📖 初心茶坊

劳务合同与劳动合同的区别

在我国，劳务合同与劳动合同是两种合同类型，二者在主体资格、主体性质及其关系、主体的待遇、合同内容的任意性、法律调整、合同的法律责任和纠纷处理方式等方面均存在显著不同。

劳务合同是指以劳动形式提供给社会的服务民事合同，是当事人各方在平等协商的情况下，就某一项劳务及劳务成果所达成的协议，一般是在独立经济实体的单位之间、公民之间及它们相互之间产生。

劳务合同不属于劳动合同，从法律适用看，劳务合同适用于《民法典》和其他民事法律所调整，而劳动合同适用于《劳动法》及相关行政法规所调整。

查一查

企业与员工签订劳动合同时需要约定哪些内容？

_____

_____

自学自测

一、单选题

1. 在预测创业资金需求量中的日常运营投入时，应至少保证（　　）的流动资金使用量。

 A. 1个月   B. 3个月

 C. 3～6个月   D. 1年

2. 创业者在筹资之初即应首先明确（　　）。

 A. 一次性投入   B. 日常运营投入

 C. 预备金   D. 创业资金需求量

3. 大多数创业者的首选筹资渠道是（　　）。

 A. 自我筹集   B. 向银行贷款

 C. 获得政策性创业资金支持   D. 获得非银行金融机构资金

4. 银行仅凭对借款人资信的信任而发放贷款，借款人无须向银行提供抵押品的贷款方式是（　　）。

 A. 抵押贷款   B. 信用贷款

 C. 担保贷款   D. 贴现贷款

5. "筹资前创业者首先应合理地确定创业资金需求量，努力提高筹资效率"体现了创业资金筹集原则中的（　　）。

 A. 筹集规模适当   B. 来源合理

 C. 方法经济   D. 筹集及时

二、多选题

1. 创业资金需求量主要包括（　　）。

 A. 一次性投入   B. 日常运营投入   C. 流动资金

 D. 预备金   E. 非流动资金

2. 筹集到的创业资金可长期使用的创业资金筹集方式包括（　　）。

 A. 吸收直接投资   B. 向银行贷款   C. 商业信用

 D. 融资租赁   E. 经营租赁

3. 技术资源的获取方式包括（　　）。

 A. 广告宣传   B. 独立研发新技术

 C. 购买他人的前景型技术   D. 吸引技术持有者加入创业团队

 E. 通过产学研合作研发新技术

4. 企业在创业初期获取人力资源的主要目的包括（　　　）。

A. 宣传组织形象　　　　　　　　　　B. 增强企业在劳动力市场中的影响力

C. 把企业所需的潜在员工尽量吸引过来　　D. 提升招聘技能

E. 节省费用

5. 新员工录用工作的主要内容包括（　　　）。

A. 背景调查　　　B. 体检　　　　　　C. 做出录用决策

D. 通知应聘者　　E. 签订劳动合同

三、判断题

1. 在筹集资金时，筹到的资金量越多越好。（　　　）

2. 创业者可通过向供应商赊购商品、向采购商预收货款、开具商业承兑票据的形式获得短期的借贷资金。（　　　）

3. 独立研发新技术能保证现有创业团队对技术的绝对占有权，以及团队对创业经营活动的控制权。（　　　）

4. 甄选员工首先应甄别应聘者能力水平的高低。（　　　）

5. 在创业初期，创业技术是最为关键的资源之一。（　　　）

四、简答题

1. 简述创业资金的筹集原则。

2. 简述创业资金的筹集方式。

3. 简述技术资源的获取方式。

4. 简述企业可采用的招聘方式。

5. 简述企业如何确定选人流程。

课中实训

实训一　策划创业资金筹集方案

任务 1　估算创业项目的资金需求量

任务描述　学生小组根据选定的创业项目模拟成立一家企业，通过查找资料和背景调查，估算本创业项目的资金需求量，并将所有数据填入表 6-4。

表 6-4 　　　　企业创业资金需求量估算表（3 个月） 　　　　　单位：元

项目	第一个月支出数额	第二个月支出数额	第三个月支出数额	3 个月总支出数额
创业者报酬				
员工薪酬福利				
租金				
广告费				
营销费用				
通信费				
水电费				
保险费				
税费				
设备购置费				
设备维护费				
原料采购费				
执照办理费				
押金				
其他				
总计				

任务 2　确定创业资金的筹集方式

任务描述　学生小组根据创业资金需求量估算表，对比分析可供选择的创业资金筹集方式，形成筹资决策，并将相关要点填入表 6-5。

表 6-5　创业资金筹集渠道分析表

筹集渠道		是否选用	计划占比
吸收直接投资	自我筹集		
	亲友筹集		
	风险投资		
	其他		
借款	银行贷款		
	融资租赁		
	其他		
政策支持	创业基金		
	科技创新基金		
	优惠政策		
	其他		

实训二　策划技术资源获取方案

任务 1　分析创业项目关键技术现状

任务描述　学生小组分析所选创业项目所需关键技术资源的现状，并将相关要点填入表 6-6。

表 6-6　所需关键技术资源现状分析

研究目标	研究成果
关键技术	
主要技术参数	
关键技术所有者	□公开技术　　　　　　□他人专利所有 □团队成员持有专利　　□待开发
团队是否存有技术短板	□是（所缺技术：_____） □否

任务 2　设计技术资源整合方案

任务描述　学生小组根据所选创业项目的特点和技术资源现状，设计本创业项目的技术资源整合方案，并将相关要点填入表 6-7。

表 6-7 技术资源整合分析

研究目标	研究成果
技术资源拟获取渠道	
技术资源拟获取方式	

实训三 策划人员招聘方案

任务 1 分析人力资源需求

任务描述 学生小组综合分析所选创业项目运行所需的人力资源的数量和结构，并将相关要点填入表 6-8。

表 6-8 人力资源需求分析

研究目标	研究成果
工作（或岗位）空缺	
雇员所需技能和要求	
每项工作所需人数	
人员筛选标准	

任务 2 设计人力资源整合方案

任务描述 学生小组根据所选创业项目的特点和人力资源需求，设计本创业项目人力资源整合方案，并将相关要点填入表 6-9。

表 6-9 人力资源整合分析

研究目标	研究成果
拟采用的招聘方式	
员工甄选方式	
新员工录用流程	

复盘反思

1．知识盘点：通过对"整合创业资源"这一项目的学习，你掌握了哪些与创业资源有关的知识？请画出思维导图。

2．方法反思：在完成本项目学习和实训的过程中，你学会了哪些分析问题和解决问题的方法？

3．行动影响：在完成本项目学习和实训的过程中，你认为自己还有哪些地方需要改进？

任务实施评价

技能点评价表

使用说明　按评价指标评价项目技能点成绩，满分为 100 分。其中，文本材料占 75 分，展示陈述占 25 分。教师评价占 70%，学生互评占 30%。

技能点评价指标			分值	得分
文本材料	项目内容填写的完整性		10	
	预测的合理性和准确性		10	
	筹资决策	分析的完整性	10	
		内容的合理性	10	
		决策的科学性	10	
	字迹清晰		5	
	内容统一		5	
	具有一定的创新性、特色性		15	
展示陈述	演讲专业程度（包括 PPT 等辅助工具应用的熟练度）		5	
	语言技巧和非语言技巧		5	
	团队合作配合程度		10	
	时间分配		5	

素质点评价表

使用说明　按评价指标评价项目素质点成绩，优秀为 5 分，良好为 4 分，一般为 3 分，合格为 2 分，不合格为 1 分。评价分为学生自评与小组成员互评。

评价对象	素质点评价指标	得分	评价对象	素质点评价指标	得分
自评	团队协作能力		成员 2	团队协作能力	
	交流沟通能力			交流沟通能力	
	信息素养和学习能力			信息素养和学习能力	
	独立思考和创新能力			独立思考和创新能力	
成员 1	团队协作能力		成员 3	团队协作能力	
	交流沟通能力			交流沟通能力	
	信息素养和学习能力			信息素养和学习能力	
	独立思考和创新能力			独立思考和创新能力	

注：①团队协作能力，指能与小组成员合作完成项目；②交流沟通能力，指能良好地表达自己的观点，善于倾听他人的观点；③信息素养和学习能力，指善于搜集并借鉴有用的信息、好的思路和想法；④独立思考和创新能力，指能提出新的想法、建议和策略。

课后提升

案例　某科技型中小企业的融资之路

ZY机械设备公司是一家集研发、设计、生产、销售于一体的专业化机械装备制造商，曾获当地科技型中小企业证书，被认定为"一企一技术"创新企业。经过10多年的成长，该企业拥有研发人员20余人，获得20多项专利，产品深受国内外用户的认可和好评，市场前景良好，订单较多。

随着市场不断扩大，企业资金需求旺盛。和许多科技型中小企业一样，该企业是轻资产，没有抵押物。2019年该企业享受政府政策申请获得400万元"科信贷"，但远不能满足企业成长的需求。后来，企业了解到有烟台金融服务中心，抱着试试看的想法找到了该平台。平台详细调研企业实际情况后上报平台融委会。融委会认为该企业的产品创新性强，市场空间大，结合当前企业处于扩张期的成长特点，为该企业制定了6项落地性强、组合操作可获400万元授信的融资方案。量身定制，操作专业，提供多种融资解决方案和"保姆式"服务，该企业第一次真切体验了烟台金融服务中心、专业、高效的服务。

科技型中小企业的优势在于创新，因此企业在融资思路上也要创新。政府的支持、传统的融资方式是企业的基础保障，企业要想更好更快地成长，需要综合、专业的金融服务方案。因为只有这样，企业才能广纳金融活水，滋润创新的禾苗，步入高质量成长的轨道。

思考题

1. 本案例中的企业采用了哪种创业资金的筹集方式？这种方式的优点和缺点有哪些？

2. 调查目前还有哪些创新金融方式可用于科技型中小企业的融资。

07 项目七 开办新企业

项目七
思维导图

✕ 背景与任务

经过一段时间的努力，常小信顺利筹集到了创业项目所需要的资源。导师提醒他，虽然个人也可以承接一定的业务，但要想更好地发展所创的事业，就必须有自己的字号并正式成立企业。创业者及时登记开办一个属于自己的企业才能有机会做大做强。听取导师的意见后，常小信首先想到了"名字"是代表企业的特定符号，他想给新创企业取个"好名字"，以此为锚点，扬帆起航，在未来的商业海洋中破浪前行。为了保障常小信新企业的顺利开办，导师给了他4个新任务：①尝试绘制企业初期的发展架构和创业实践"蓝图"，谋划企业组织形式；②设计一个规范的企业名称；③为新企业选择合适的经营地址；④完成企业登记注册的相关手续。

✕ 学习目标

- 知识目标

1. 熟悉企业的不同组织形式。
2. 了解企业名称的设计方法。
3. 理解企业选址的原则与影响因素。
4. 掌握企业登记注册的相关手续。

- 能力目标

1. 能针对新创企业的实际情况，选择合适的企业组织形式。
2. 能根据企业名称的设计要求，设计合适的企业名称。
3. 能逐步完成企业登记注册手续。

- 素质目标

1. 培养合作精神，在合作中交流情感，促使团队进步。
2. 注重提高思想道德修养，塑造遵纪守法的创业品格。
3. 树立目标，掌握相关知识点并完成项目任务。

- 价值目标

1. 深入理解法治是国家治理体系和治理能力的重要依托，对创业相关的法律法规有全面的了解。
2. 培养对他人、集体、社会和国家所负责任的认知、情感和信念。

课前自学

一、企业组织形式

▶ 微课

企业组织形式

我国现行法律、法规规定，企业要参与市场经济活动，必须首先取得合格的市场主体资格。而取得合格的市场主体资格的途径，就是进行工商登记注册。因此，如何进行工商登记注册是每一位创业者应当熟悉的问题。

为体现企业的市场主体地位，以便于开展经营管理活动，创业者要结合自己的创业设想和具体情况，选择企业组织形式。企业组织形式是企业出资方式和投资人承担责任方式的总称，表明一家企业的财产构成、内部分工协作及与外部社会经济联系的方式。

考虑到市场交易的成本，企业组织形式的选择将会对资源配置效率产生影响，所以创业者要选择合适的企业组织形式，这将有助于企业配置和利用好各类资源，实现企业经济利益的最大化。

1. 企业组织形式的类型

创业者在准备创业时，要选择恰当的企业组织形式，因为这直接决定了企业的法律地位和风险责任范围。我国常见的企业组织形式包括股份有限公司、有限责任公司、外资企业、中外合资企业、中外合作企业、乡镇企业、股份合作制企业、合伙企业、个人独资企业、个体工商户、农村承包经营户等。创业者在选择企业组织形式和注册企业时可以咨询专业人士的意见或寻求律师的帮助，既要考虑企业规模、业务特点，又要考虑自身的价值观念。

通常，新创企业会选择的企业组织形式有个体工商户、个人独资企业、合伙企业和有限责任公司。不同的企业组织形式都有各自的特点，其对比分析如表 7-1 所示。

表 7-1 企业组织形式的特点对比分析

对比维度	个体工商户	个人独资企业	合伙企业	有限责任公司
有无法人资格	无	无	无	有
业主数量	一个人或家庭	一个人	两人及以上	50 人以下
债务责任	无限	无限	无限	有限
创立成本	低	低	中	高
集资能力	弱	弱	中	强
风险	集中	集中	中等	中等
最低注册资本	无	无	无	无明确要求
利润分配	归个人或家庭所有	归个人所有	按照合伙协议分配利润	按出资比例分配利润
税务	个人	个人	个人	企业、个人

（1）个体工商户

个体工商户是指生产资料归劳动者个人所有，以自己个人的劳动为基础，劳动成果由劳动者个人占有和支配的市场经营主体。

个体工商户在为国民生活提供便利、为自己取得利润的同时，也给我国经济带来了较为充沛的动能。个体工商户基于庞大的基体数量和相对固定的经营范围，辐射的人群和涉及的产业非常广泛，极大地助力了城市诸多产业的发展，也给农村、城镇经济注入了活力与血液。

① 个体工商户的设立条件。

a. 有经营能力的公民、自然人，或以个人或家庭为单位从事工商业经营的，均为个体工商户。

b. 经营范围不属于法律、行政法规禁止进入的行业。

初心茶坊

禁止个体工商户进入的行业

根据相关法律法规，部分特定行业是禁止个体工商户进入的，例如盐资源开发、批发，种子质量检验、进出口，农药生产，电影制片、发行、放映、进口、出口（不含农村16毫米电影片放映）等。

② 个体工商户的优势、劣势。

创业者在选择设立个体工商户时，需要综合权衡自身情况，并充分考虑个体工商户普遍存在的优势、劣势。

其中，个体工商户的优势主要有3个。其一，设立门槛较低。个体工商户组成比较简单，经营场所灵活，且由于经营规模小，所以资金需求低，对注册资金实行申报制，也没有最低限额的基本要求。其二，注册手续简单，费用较低。其三，税收负担较轻。依据《个人所得税法》的相关规定，个体工商户应缴纳个人所得税，其生产、经营所得适用个税"经营所得"的5级超额累进税率，税率为5%～35%，其全年应纳税所得额为每一纳税年度的收入总额减除成本、费用及损失后的余额，其每一纳税年度实缴个税额为其该年应纳税所得额乘以相应税率后减去相应速算扣除数。

个体工商户的劣势有3个。其一，具有一定风险性。个体工商户由个人经营的，以其个人资产对债务承担无限责任；由家庭经营的，以家庭财产承担无限责任。其二，资本有限。由于个人资金有限，再加上信誉相对较低，较难获得银行大额贷款。其三，管理不规范，管理的专业化程度很低，单个业主需要对经营管理的各个方面做出决策。因此，个体工商户通常经营规模较小，发展速度较慢。

（2）个人独资企业

个人独资企业是指依照《个人独资企业法》在中国境内设立，由一个自然人投资，财产为投资人个人所有，投资人以其个人财产对企业债务承担无限责任的经营实体。

① 个人独资企业的设立条件。

a. 投资人为一个自然人。自然人之外的法人、其他组织不能投资设立。

b. 有合法的企业名称。企业名称的合法性有两层含义：一是符合法定的个人独资企业名称的一般形式，二是与个人独资企业的属性相符。个人独资企业的名称中多有"行、店、厂"等词语。《个人独资企业法》规定："个人独资企业的名称应当与其责任形式及从事的营业相符合。"也就是说，个人独资企业的名称中不能使用"公司""有限""有限责任"等与其责任形式不符的词语。

c. 有投资人申报出资。法律不规定个人独资企业的最低注册资金，这既体现了设立简便的原则，又解决了企业交易相对人的利益保护问题。所以，创业者申报的出资额只要与创办企业的生产经营范围、规模相适应即可。

d. 有固定的生产经营场所和必要的生产经营条件。固定的生产经营场所是指企业的主要办事机构所在地，是企业的法定地址。有固定的生产经营场所和必要的生产经营条件，正是规模化生产经营活动的重要标志。

e. 有必要的从业人员。

② 个人独资企业的优势、劣势。

个人独资企业的优势主要包括：注册手续简单，费用较低；决策自由度高；税收负担较轻，不需要缴纳企业所得税，和个体工商户一样只需要缴纳个人所得税。

个人独资企业的劣势包括：个人资金有限，融资困难；只能是无限责任企业；管理专业化程度低，可持续性低，企业的寿命有限，如果业主死亡、破产、犯罪或转行，就可能导致企业倒闭。

查一查

个体工商户与个人独资企业的区别有哪些？

_____

_____

（3）合伙企业

合伙企业是指按照《合伙企业法》在中国境内设立的，由两个或两个以上民事主体订立合伙协议，共同出资、合伙经营、共享收益、共担风险的组织。所谓民事主体是指自然人、企业法人和其他组织。

① 合伙企业的类型。

a. 普通合伙企业。《合伙企业法》第二条第二款规定："普通合伙企业由普通合伙人组成，合伙人对合伙企业债务承担无限连带责任。"所谓普通合伙人，是指在合伙企业中对合伙企业的债务承担无限连带责任的自然人、法人和其他组织。因为普通合伙企业不具有法人地位，所以企业的债务不仅要以企业的全部财产承担责任，合伙人在企业财产不足的情况下需以其个人财产来偿还债务，并且任何一个合伙人都有义务清偿全部合伙债务。

特别需要创业者注意的是，《合伙企业法》规定，国有独资公司、国有企业、上市公司及公益性的事业单位、社会团体不得成为普通合伙人。

⭐ **创客咖啡** ───────────────────────────────

特殊的普通合伙企业

　　随着我国市场经济的发展，《合伙企业法》也纳入了特殊的普通合伙企业。特殊的普通合伙企业是指合伙人依照《合伙企业法》第五十七条的规定承担责任的普通合伙企业。《合伙企业法》第五十七条规定，一个合伙人或者数个合伙人在执业活动中因故意或者重大过失造成合伙企业债务的，应当承担无限责任或者无限连带责任，其他合伙人以其在合伙企业中的财产份额为限承担责任。合伙人在执业活动中非因故意或者重大过失造成的合伙企业债务及合伙企业的其他债务，由全体合伙人承担无限连带责任。

　　这种有限责任合伙，主要是由于专业服务机构中，专门的知识和技能与实物和金钱出资，以及可能发生的债务风险与合伙人相应的承担比例严重失调，引起相应的诉讼和社会问题后应运而生的。例如，会计师事务所如果仍按照普通合伙企业的责任承担方式，对于那些没有参与经营，也没有过错，仅仅因为其合伙人的身份，就要承担无限连带责任，以其个人财产来为他人的过错"买单"的合伙人就有失公平了。

　　b．有限合伙企业。《合伙企业法》第二条第三款规定："有限合伙企业由普通合伙人和有限合伙人组成，普通合伙人对合伙企业债务承担无限连带责任，有限合伙人以其认缴的出资额为限对合伙企业债务承担责任。"通常，"有限合伙企业由普通合伙人执行合伙事务。执行事务合伙人可以要求在合伙协议中确定执行事务的报酬及报酬提取方式。"

🔲 创客咖啡

无限责任和
有限责任

　　② 合伙企业的设立条件。

　　a．合伙人应当为两个或两个以上的具有完全民事行为能力的人。

　　b．全体合伙人之间必须订立书面合伙协议。订立书面合伙协议是合伙企业成立的必要条件，该协议能明确合伙人之间的权利与义务，以及合伙企业经营过程中的行为规范，有较强的约束力。例如，企业的盈利可按合伙人的出资比例分享，也可以在合伙协议中预先约定分配比例。

　　c．有合伙人认缴或者实际缴付的出资。法律对合伙企业的注册资金要求不做规定，但应满足经营的需求。合伙出资的形式比较灵活，既能以现金、实物、土地使用权、知识产权等形式出资，又能以劳务、技术、管理等方式出资，但需其他合伙人认可。

　　d．有合伙企业的名称、生产经营场所和从事合伙经营的其他必要条件。例如，为了有利于社会公众了解企业的责任形式，有限合伙企业的名称中应当标明"有限合伙"的字样，而不能标明"普通合伙""特殊普通合伙""有限公司""有限责任公司"等字样。

　　③ 合伙企业的优势、劣势。

　　合伙企业的优势主要有资本量和管理水平等较个人独资企业有所提高，合伙企业以企业合

大学生创新创业基础与实践（慕课版 第2版）

伙协议约束企业、人员的行为，可以在法律允许的范围内从事多种项目的经营，也可以设立分支机构；合伙经营有利于合伙人发挥各自的专长，由于合伙人对企业的债务承担无限连带责任，能增强合伙人的凝聚力和责任心；税收负担较轻。

创客咖啡

公司制企业和合伙制企业

合伙企业的劣势包括合伙人需承担无限连带责任，即合伙人在企业财产不足的情况下，需要以其个人财产来偿还债务，并且任何一个合伙人都有义务清偿全部合伙债务；易内耗，合伙人之间容易产生意见不统一和利益难协调的问题；由于合伙企业具有强烈的人合性，任何一个合伙人退伙，都有可能导致合伙企业解散，因此其存续期限容易受到限制，企业稳定性不强。

（4）有限责任公司

有限责任公司是指由一定人数的股东共同出资，股东以其认缴的出资额为限对公司承担责任，公司以其全部资产对其债务承担责任的企业法人。

有限责任公司具有封闭性。所谓"封闭性"，指的是公司无须像开放性公司那样向社会公开其财务情况及其他重大事项。所以，创业者选择成立有限责任公司，只能采取发起设立的形式，股东人数也相对固定。同时，创业者也必须清楚公司的出资证明不能像股票那样上市交易，自然也没有必要向社会公开公司的财务情况和其他重要事项。

① 有限责任公司的设立条件。

a. 股东符合法定人数。《公司法》规定，有限责任公司由50个以下股东出资设立，只有在国家授权投资的机构或国家授权的部门单独投资设立国有独资公司的情况下，才允许一人股东的存在。

b. 有符合公司章程规定的全体股东认缴的出资额。股东应当按期足额缴纳公司章程中规定的各自所认缴的出资额。股东以货币出资的，应当将货币出资足额存入有限责任公司在银行开设的账户；以非货币财产出资的，应当依法办理其财产权的转移手续。

初心茶坊

继续执行注册资本最低限额的企业

c. 股东共同制定公司章程，以章程约束企业、人员的行为。

d. 有合法的公司名称和公司住所。

e. 建立符合有限责任公司要求的组织机构。公司需要设立股东会、董事会和监事会，并由董事会聘请职业经理主持公司日常的经营管理工作。值得注意的是，《公司法》规定，股东人数较少、规模较小的有限责任公司也可以不设董事会，而只设一名执行董事；也可以不设监事会，只设一至两名监事。

② 有限责任公司的优势、劣势。

有限责任公司的优势主要有具备人合性的优点，有限责任公司保留了合伙企业的人合性优点，可以增进股东之间的了解、合作和信任，有助于增强股东的凝聚力，提升公司的企业形象和商业信誉；以有限责任取代无限责任，有限责任可以激发投资人的投资热情，减少投资人的风险，有利于企业的发展；具有较强的灵活性，有限责任公司与股份有限公司相比，同样具有有限责任和资合性的特点，但有限责任公司却有股份有限公司所不具备的适应性、简便性和灵活性的特点。通常，有限责任公司的经营规模可大可小，具有较强的适应性，方便管理、决策集中、容易协调，员工工作效率高；简易的设立程序降低了设立成本，减少了设立风险；灵活的组织机构，使组织运行较为方便，效率也较高。

有限责任公司的劣势包括相对于前 3 种企业组织形式而言，注册手续较为复杂；税收较高，面临"双重征税"的问题（现实中，有些符合国家优惠条件的公司也可以享受相对较低的税率）；股东的出资不能随意转让，如果需要向股东以外的人转让，必须经过全体股东过半数人的同意。

想一想

对比分析不同类型的企业组织形式的特点和优势、劣势，谈谈理性的创业者如何恰当选择新创企业的组织形式。

---

2. 企业组织形式选择的影响因素

（1）注册资本的多少

注册资本为企业在登记机关登记的全体所有者认缴的出资额。由所有者出资构成的企业资本在企业存在及运营的整个过程中扮演着极其重要的角色：对企业而言，它是企业得以运营和发展的物质基础；对所有者而言，它是所有者出资和享有相应权益的体现；对债权人而言，它是企业债务的总担保，是债权人实现其债权的重要保障。所以研究企业注册资本有着重要的意义。

我国相关的法律条例对设立不同组织形式的企业的最低注册资本的要求都有所不同。个体工商户没有最低限额的要求；独资和合伙企业的注册资本也没有规定限制；若选择成立公司制企业，《公司法》规定，对于有限责任公司、一人有限责任公司、股份有限公司的设立，并无最低注册资本的要求，即完全由公司股东或者发起人自行确定公司注册资本的数额。

创客咖啡

真的可以"零元设立公司"吗？

从《公司法》仍规定有股东认缴出资的制度内容来看，该法并未否定注册资本对公司运营的重要性。从现实意义考虑，一定的资本也是公司得以运营和发展的物质基础，否则创业者的一切创业和经营活动都将变为"无源之水，无本之木"。

《公司法》极大地鼓励了投资人选择公司形式进行创业的热情。然而对于大学生而言，考虑到创业初期资金有限，在法律框架下，注册资本的多少仍是影响其创业组织形式选择的第一要素。

大学生创新创业基础与实践（慕课版 第2版）

查一查

根据注册资本认缴制，创业者可以选择不实缴吗？将注册资本写多一些对创业会产生什么影响？

（2）申办手续的难易

相对于创办公司制企业而言，个体工商户、个人独资企业和合伙企业的申办手续较为简单，费用较低。

（3）责任风险的大小

在创业活动中，商机和风险总是相伴而生的，创业者需承担的责任风险的大小也是其在选择企业组织形式时要考虑的重要影响因素之一。根据我国现行法律，个人独资企业和合伙企业在法律上是没有独立人格的，企业的人格与创业者是一体的。个人独资企业由一个自然人投资，财产为投资人个人所有，投资人以其个人财产对企业债务承担无限责任。在普通合伙企业中，各合伙人订立合伙协议，共同出资、合伙经营、共享收益、共担风险，并对合伙企业债务承担无限连带责任。而在公司制下，公司是企业法人，有独立的法人财产，享有法人财产权。公司将以其全部财产对债务承担责任。所以，成立公司制企业，创业者以其出资额为限承担有限责任。

（4）运作成本的高低

个人独资企业和合伙企业在法律上没有独立人格，其组织机构的设立以投资人经济便利为原则。也就是说，创业者可以自行管理和执行企业事务，也可以委托或聘用他人负责，存在结构简单、管理方便、决策迅速、"船小好调头"等优点。相比之下，法律规定的公司的组织机构就复杂得多了。一家符合法律规定、设置完备的有限公司要设立股东会、董事会（或执行董事）、监事（会），这些机构各司其职，有不同的议事流程，这样公司的运作成本就大大增加了。

（5）融资能力的强弱

创设企业初期，由于企业进入的行业和经营的范围不同，对资本的需求就有较大差异。而当企业度过生存期进入成长期和成熟期后，投资人对企业规模和利润的要求将不断增多，同时为实现规模效应，降低单位生产成本，增强企业盈利能力和竞争力，企业资金需求必然大量增加，而不同的企业组织形式会对企业的融资能力产生不同的影响。相比较而言，合伙企业比个人独资企业获取资金的数量要多、能力要强，有限合伙企业要比普通合伙企业获取资金的数量要多、能力要强，而公司制企业获得资金的渠道最多、能力最强。因此，企业融资能力的强弱也是影响创业者选择企业组织形式的另一要素。

初心茶坊

国家扶持政策助力小微企业发展

（6）寻找合伙人的可能性

如果创业者没有足够的启动资金，或者缺乏技术支持、经营管理能力等，那么寻找合伙人是解决这些难题的最好办法。创业者通过寻找合适的合伙人，实现能力互补，助力创业项目的成功。因此，是否有寻找合伙人的可能性，也是创业者在创业之初选择企业组织形式时需要考

虑的重要问题。

二、企业名称设计

1. 企业名称的基本概念

企业名称是企业在经营活动中使用的用以表明其身份以区别于其他企业的名称。我国对于企业名称的保护存在注册制和使用制两种保护模式。注册制要求企业名称只有经法定程序注册登记后方可取得，否则不具有法律效力。使用制是指对企业名称权的保护，主要体现在通过行政手段，处罚侵犯他人企业名称权的行为。2023 年修订的新《公司法》也规定公司的名称权受法律保护，这是对《民法典》关于法人名称权利保护的延伸，有助于完善公司依法成立及登记注册制度。

▶ 微课

设计企业名称

☆ **创客咖啡**

企业名称是企业可积累的无形财产

以前的商铺也被称为"商号"，其名称就是字号，延续很久、承载良好口碑和信誉的字号被称为"老字号"。时至今日，一提到老字号，人们还是会夸赞其悠久的历史和对优良品质的传承。老字号存在得越久，其财产性越明显，而其受人盛赞的其实就是我们今日所说的商誉或企业信誉。

企业名称的财产性具有巨大潜力，一旦受到侵害，后果不堪设想。所以，创业者除了需要合法设计企业名称外，更需要致力于维护企业的信誉，这样才能让企业被社会接纳，扩大本企业的知名度，从而更有利于企业的长远发展。

2. 企业名称登记

最新修订的《企业名称登记管理规定》自 2021 年 3 月 1 日起施行。《企业名称登记管理规定》贯彻落实党中央、国务院关于深化"放管服"改革、优化营商环境的部署要求，充分尊重企业自主选择企业名称的权利，进一步释放企业名称资源，简化企业名称登记流程，降低企业开办成本，强化事中事后监管，维护企业合法权益和良好市场秩序。

根据《企业名称登记管理规定》，企业只能登记一个企业名称，企业名称受法律保护；企业名称应当使用规范汉字；企业名称由行政区划名称、字号、行业或者经营特点、组织形式组成，如常州泰昌减速机有限责任公司。

企业名称是企业形象的首要元素，创业者在设计企业名称的过程中要针对 4 个要素，具体注意以下事项。

（1）行政区划名称

企业名称中的行政区划名称应当是企业所在地的县级以上地方行政区划名称。市辖区名称在企业名称中使用时应当同时冠以其所属的设区的市的行政区划名称。开发区、垦区等区域名称在企业名称中使用时应当与行政区划名称连用，不得单独使用。

（2）字号

根据《企业名称登记管理规定》，企业可以选择字号。企业名称中的字号应当由两个以上汉字组成。企业有正当理由的可以使用本地或者异地地名作为字号，但不得使用县级以上地方行政区划名称作为字号。

想一想

创业者在拟定企业名称时，可否为了醒目而取只有一个字的名称呢？

_____

_____

（3）行业或者经营特点

企业名称中的行业或者经营特点应当根据企业的主营业务和国民经济行业分类标准标明。国民经济行业分类标准中没有规定的，可以参照行业习惯或者专业文献等表述。

（4）组织形式

企业应当根据其组织结构或者责任形式，依法在企业名称中标明组织形式。

初心茶坊

企业名称不得有的情形

①损害国家尊严或者利益；②损害社会公共利益或者妨碍社会公共秩序；③使用或变相使用政党、党政军机关、群团组织名称及其简称、特定称谓和部队番号；④使用外国国家（地区）、国际组织名称及其通用简称、特定称谓；⑤含有淫秽、色情、赌博、迷信、恐怖、暴力的内容；⑥含有民族、种族、宗教、性别歧视的内容；⑦违背公序良俗或者可能有其他不良影响；⑧可能使公众受骗或者产生误解；⑨法律、行政法规及国家规定禁止的其他情形。

创业者在拟定好企业名称后，可以通过企业名称申报系统或在企业登记机关服务窗口提交有关信息和材料，对拟定的企业名称进行查询、比对和筛选，选取符合《企业名称登记管理规定》要求的企业名称。创业者提交的信息和材料应当真实、准确、完整，并承诺因其企业名称与他人企业名称近似侵犯他人合法权益的，依法承担法律责任。

三、企业选址

企业的选址受到多重因素的影响，包括劳动力条件（数量、素质）、自然条件（地理、气候）、交通运输条件、资源供给条件（对原材料的依赖程度、用量大小或可运性）、基础设施条件（交通、供水、供电、通信、三废处理）、能源供应条件、市场环境（开放的市场更有利于新的企业进入）、安全条件、产品销

创客咖啡

产业集聚

售条件、环境保护条件、科技创新条件、政治和文化条件等。

1. 企业选址的原则

几乎所有的企业都要面临选址的问题，创业者在决策时需要遵循一些共性的原则。

（1）经济性原则

和非营利性组织选址不同，企业选址是为了获取个体最优化发展空间或区域最优化组合的过程。所谓最优化，是指企业通过在地理空间中进行各种经济活动，获取最大的经济收益。因此，创业者研究选址问题时，都会围绕经济收益最大化这一目标来进行。

（2）协作性原则

社会化分工与专业化生产发展至今，企业能否实现区域协作、产业链协同，会直接影响自身的竞争能力、创新能力等重要特质。对于选址问题，企业不能将其抽离出来作为孤立对象进行研究，必须将其置于特定的系统中，充分考虑个体间的协作同区位因素间的作用，这样才能使选址符合经济发展现状与发展趋势。

（3）适应性原则

不同企业由于发展目标、成长过程、行为习惯等都有不同的特征，对选址的要求自然不尽相同。对其他企业有利的区位空间，并不一定对创业者自身也有利。一个影响因素在某个区位空间内对企业有利，在另一个区位空间内可能成为对企业不利的因素。区位空间及其内在的相关因素必须与企业各自的需求相适应，才能使有利因素的影响最大化，避免或弱化不利因素的影响。

（4）综合性原则

在空间位置影响企业的因素中，既有直接因素，又有间接因素；既有显性因素，又有隐性因素；既有内在因素，又有外在因素；既有短期因素，又有长期因素。创业者需要综合考虑，全面分析各因素对核心目标的影响过程，才能准确厘清其中的关键因素及各因素之间的关联，从而做出决定。

2. 企业选址的影响因素

对于不同行业的企业而言，在选址时要考虑的主要因素会有所不同。

（1）制造企业选址须考虑的因素

如果创业者想要创办一家制造企业，生产并销售日用品、化妆品、电子产品或家具等，那么选址时需要考虑的因素包括政策法规、基础设施条件、劳动力资源、接近市场、接近原料供应地、水电供应和物流运输条件等。

⭐ 创客咖啡

理想汽车为什么选址常州

理想汽车于2016年落户常州，制造基地位于武进国家高新区，该基地采用了高效的工厂生产模式和一套自己的智能化生产体系，具备数字化管理功能，从车辆生产到结束构成一个完整的商业闭环。

理想汽车在常州投资制造基地有以下几个好处。

（1）地理位置优越：常州位于中国东部沿海地区，交通便利，有利于原材料和零部件的采购和运输，也有利于产品的销售和出口。

（2）产业配套齐全：常州拥有较为完善的汽车产业链，包括零部件供应商、物流企业、研发机构等，能够为理想汽车的制造提供良好的配套服务。

（3）政策支持：常州政府对汽车产业的发展非常重视，出台了一系列优惠政策，如税收优惠、土地优惠等，能够为理想汽车的制造提供政策支持。

（4）人才优势：常州拥有丰富的人力资源，尤其是在汽车制造、机械加工等领域，能够为理想汽车的制造提供高素质的人才支持。

（2）服务企业选址须考虑的因素

服务企业通常提供服务或劳务，如与房屋装修、邮件快递、搬家、家庭服务、法律咨询、技术培训等相关的企业都是服务企业。服务企业选址须考虑的因素包括租金、人群密度、与消费者接近的程度、聚集效应、交通条件、消费者的收入及消费水平、与竞争对手的相对位置等。

（3）贸易企业选址考虑的因素

贸易企业从事商品的买卖活动，从制造商或批发商处购买商品，再把商品卖给顾客或其他企业。所有把商品卖给最终消费者的商店都是零售商，而批发商则是从制造企业购买商品，然后再转给零售商，如蔬菜、水产、瓜果、文具、日用品批发中心等都是批发商。贸易企业选址通常考虑的因素包括租金、城市商业条件（包括城市类型、设施建设等）、人口因素（包括人口规模、人口年龄性别构成）、地段客流规律、交通条件、商业环境、城市规划等。

（4）农、林、牧、渔企业选址须考虑的因素

这类企业利用土地或水域进行生产，可能是种果树，也可能是养珍珠等，种植或饲养的产品多种多样，选址须考虑的因素包括地方优惠政策，当地的自然、社会和经济条件，周围环境的污染情况，当地劳动力资源，交通条件等。

综上，创业者在确定了创办企业的类型后，需要根据企业的特点及对市场的要求为企业选址，并运用科学的方法决定企业的地理位置，使之与企业的整体经营运作系统有机结合，以便有效、经济地实现企业的经营目的。

四、企业申办流程

企业申办流程如图7-1所示。

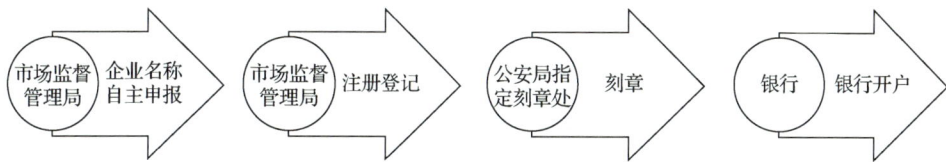

图 7-1　企业申办流程

1. 企业名称自主申报

国务院印发的《"十四五"市场监管现代化规划》等文件指出，要"优化企业名称登记管理制度"。创业者对拟定名称进行自主申报、查询、比对、筛选，并承担法律责任。涉及工商登记前置审批事项的，创业者可以向企业登记机关申请企业名称预先登记。企业名称自主申报的受理机构是市场监督管理局，实行分级管理，一般企业由所在市、县市场监督管理局负责。

▶ 微课

企业申办流程

2. 注册登记

创业者办理企业注册登记手续时需要提交齐全的、符合法定形式的申请材料。创办合伙企业需提交的材料包括《合伙企业登记（备案）申请书》、全体合伙人的主体资格证明、全体合伙人签署的合伙协议、全体合伙人对各合伙人认缴或者实际缴付出资的确认书和主要经营场所使用证明等。

✦ 创客咖啡 ————————————————————————

主要经营场所使用证明

企业登记时提交的主要经营场所使用证明一般是指自有房产提交产权证复印件，租赁房屋提交租赁协议原件或复印件，以及出租方的产权证复印件等。

创办有限责任公司需提交的材料包括《公司登记（备案）申请书》，公司章程（需由全体股东签署），法定代表人、董事、监事和经理的任职文件，住所使用证明等。

市场监督管理局在收到创业者的申请材料后，将进行受理和审查工作，并做出准予登记的决定或不予登记的决定。经审核予以登记的企业，市场监督管理局将核发加载有统一社会信用代码的营业执照。

根据《公司法》，注册公司不再需要提交验资证明（募集设立股份有限公司除外），这大大降低了创业的门槛。然而，不需要提交验资证明并不是说注册公司就不需要注册资金了。现在注册公司实行的是认缴申报制，就是把验资这个环节延后，创业者可以先注册公司，开始运营之后再验资。

▣ 初心茶坊

"三证合一"

查一查

企业注册登记可以在网上申请和办理吗？

_____

_____

3. 刻章

刻章是创业者拿到工商执照后要做的第一件事，没有公章则无法办理其他手续。注册后，（包括个体工商户），创业者凭《刻章许可证》到经公安机关核定的刻章企业刻制印章。印章主要包括公章、财务章、合同专用章、发票专用章和法人章等。有的公司可能并不经常签订合同，所以没有刻合同专用章，要签订合同时，用公章也是有效的。刻章一定要经过公安局备案，不要图省事、便宜等私自刻章，以免留下隐患。在实际工作中，对于公章等，创业者在办理其他手续时往往需要随身携带，要有保管和防范意识，以防因公章等丢失影响后续工作。

4. 银行开户

创业者还需要在企业所在地就近开设企业银行账户，该账户是以企业名称开立的，一般按用途分为基本存款账户、一般存款账户、专用存款账户、临时存款账户等。特别需要注意的是，每家企业只能在银行开立一个基本存款账户，企业的工资、奖金等现金的支取只能通过该账户办理。

⭐ **创客咖啡**

存款账户的区别

（1）基本存款账户是存款人办理日常转账结算和现金收付的主办账户，经营活动的日常资金收付及工资、奖金和现金的支取均可通过该账户办理。存款人只能在银行开立一个基本存款账户，并且账户内应有足够的资金用于支付。存款人在银行开立基本存款账户，实行由中国人民银行当地分支机构核发开户许可证制度。

（2）一般存款账户是存款人因借款或其他结算需要，在基本存款账户开户银行以外的银行营业机构开立的银行结算账户。该账户可以办理转账结算和现金缴存，但不能办理现金支取。

（3）专用存款账户是存款人按照法律、行政法规和规章，对其特定用途资金进行专项管理和使用而开立的银行结算账户。专用存款账户用于办理各项专用资金的收付，允许支取现金的专用存款账户须经批准同意才能开立。

（4）临时存款账户是用于企业办理临时经营活动发生的资金收付的账户。通常，企业在设立临时机构、异地临时经营活动和注册验资等情况下可以申请开立临时存款账户。

自学自测

一、单选题

1. 以下关于设立个人独资企业的条件的说法错误的是（   ）。

A. 投资人为一个自然人或多个自然人　　　B. 有投资人申报的出资

C. 有合法的企业名称　　　　　　　　　　D. 有必要的从业人员

2. （   ）为企业在登记机关登记的全体所有者认缴的出资额。

A. 注册资本　　　　　　　　　　　　　　B. 货币资金

C. 固定资产　　　　　　　　　　　　　　D. 无形资产

3. 合伙企业必须有（   ），并以其作为企业法律基础。

A. 企业章程　　　　　　　　　　　　　　B. 书面合伙协议

C. 合同　　　　　　　　　　　　　　　　D. 营业许可证

4. 企业的名称通常不包括（   ）。

A. 其他法人的名称　　　　　　　　　　　B. 字号

C. 行业特点　　　　　　　　　　　　　　D. 组织形式

二、多选题

1. 企业名称不得有的情形有（   ）。

A. 损害社会公共利益或者妨碍社会公共秩序

B. 群团组织名称及其简称

C. 含有暴力的内容

D. 使用国际组织名称及其通用简称

E. 含有性别歧视的内容

2. 创办合伙企业的注册登记材料包括（   ）。

A. 《合伙企业登记（备案）申请书》　　　B. 全体合伙人的主体资格证明

C. 全体合伙人签署的合伙协议　　　　　　D. 主要经营场所使用证明

E. 全体合伙人对各合伙人认缴或者实际缴付出资的确认书

3. 个体工商户的优势主要有（   ）。

A. 设立门槛较低　　　　　　　　　　　　B. 注册手续简单，费用较低

C. 税收负担较轻　　　　　　　　　　　　D. 有利于发挥合伙人各自的专长

E. 承担有限责任

4. 创业者在为企业选址时应遵循的原则包括（   ）。

A. 经济性原则　　　　　　　　　　　　　B. 协作性原则

C. 适应性原则　　　　　　　　　　　D. 就近原则

E. 综合性原则

5. 以下企业名称设计符合《企业名称登记管理规定》的有（　　　）。

A. 天宁区燃料有限公司　　　　　　　B. 南京市泰昌减速机有限责任公司

C. 江苏省泰昌减速机有限责任公司　　D. 南京泰昌有限责任公司

E. 南京雷锋减速机有限公司

三、判断题

1. 如果创业者采用合伙企业作为企业组织形式，需对企业债务承担有限责任。（　　）

2. 创办个人独资企业，无须双重纳税，即业主只需要缴纳企业所得税，不需要缴纳个人所得税。（　　）

3. 每家企业只能在银行开立一个基本存款账户，企业的工资、奖金等现金的支取只能通过该账户办理。（　　）

4. 个体工商户可以个人经营，也可以家庭经营。（　　）

5.《公司法》规定，有限责任公司须由二名股东共同出资设立。（　　）

四、简答题

1. 简述个人独资企业的劣势。

2. 简述有限责任公司的优势。

3. 简述合伙企业的设立条件。

4. 简述企业选址的原则。

5. 简述企业申办的流程。

课中实训

实训　开办新企业

任务 1　选择企业组织形式

任务描述　学生小组根据选定的创业项目模拟开办一家新企业，假设本组学生即为该企业的创始人，在对比分析合伙企业、有限责任公司等企业组织形式的相关内容后，做出选择并完整填写表 7-2。

表 7-2　企业组织形式分析

组织形式	设立条件	优势分析	劣势分析
合伙企业			
有限责任公司			
个体工商户			
个人独资企业			
选择			

任务 2　设计企业名称及商标

任务描述　学生小组根据任务 1 选择的企业组织形式，商讨并设计合法的企业名称及商标，制作 PPT，进行理念介绍及讲解，并将主要内容填入表 7-3。

表 7-3　新创企业名称及商标设计

研究目标	研究成果
企业名称	
企业商标	

任务 3 企业选址

任务描述 学生小组根据企业选址的原则、影响要素等，结合本企业的实际情况，选定最优选址方案，制作 PPT，要求涵盖选址评价的过程及最优方案的确定等内容，并将主要内容填入表 7-4。

表 7-4 新创企业选址方案

研究目标	研究成果
初选地址	
选址依据	
最终选址	

复盘反思

1．知识盘点：通过对"开办新企业"这一项目的学习，你掌握了哪些知识？请画出思维导图。

2．方法反思：在完成本项目学习和实训的过程中，你学会了哪些分析问题和解决问题的方法？

3．行动影响：在完成本项目学习和实训的过程中，你认为自己还有哪些地方需要改进？

任务实施评价

技能点评价表

使用说明 按评价指标评价项目技能点成绩，满分为 100 分。其中，作品文案占 75 分，展示陈述占 25 分。教师评价占 70%，学生互评占 30%。

技能点评价指标			分值	得分
作品文案	企业组织形式分析内容完整		15	
	设计企业名称及商标	企业名称完整	5	
		企业名称合法	5	
		商标设计具有独创性	10	
	企业选址	选址评价的过程完整、科学	15	
		选址最优方案合理	5	
	内容统一		5	
	具有一定的创新性、独特性		15	
展示陈述	演讲专业程度（包括 PPT 等辅助工具应用的熟练度）		5	
	语言技巧和非语言技巧		5	
	团队合作配合程度		10	
	时间分配		5	

素质点评价表

使用说明 按评价指标评价项目素质点成绩，优秀为 5 分，良好为 4 分，一般为 3 分，合格为 2 分，不合格为 1 分。评价分为学生自评与小组成员互评。

评价对象	素质点评价指标	得分	评价对象	素质点评价指标	得分
自评	团队协作能力		成员 2	团队协作能力	
	交流沟通能力			交流沟通能力	
	信息素养和学习能力			信息素养和学习能力	
	独立思考和创新能力			独立思考和创新能力	
成员 1	团队协作能力		成员 3	团队协作能力	
	交流沟通能力			交流沟通能力	
	信息素养和学习能力			信息素养和学习能力	
	独立思考和创新能力			独立思考和创新能力	

注：①团队协作能力，指能与小组成员合作完成项目；②交流沟通能力，指能良好地表达自己的观点，善于倾听他人的观点；③信息素养和学习能力，指善于搜集并借鉴有用的信息、好的思路和想法；④独立思考和创新能力，指能提出新的想法、建议和策略。

课后提升

案例　选址是门学问

近年来，无论是阿里巴巴旗下的盒马等零售商，还是以便利蜂为代表的新型便利店、无人货架，无不在零售业掀起了一股新零售布局热潮。新零售的精细化运营是一个系统工程，涉及线上线下的方方面面。以选址为例，不能简单地理解为抢占核心商圈。如果选址不到位，哪怕在后续运营中下再多功夫，也可能达不到预期效果。

对于选址开店，传统零售时代亘古不变的法则之一是"位置就是流量"。新零售时代，选址逻辑悄然发生转变。位置之于新零售的重要性较传统零售有所弱化，新零售选址首先要考虑的是门店开给谁，流量因人群的不同而出现差异，常规操作是利用大数据技术事先摸底覆盖人群的消费特点，其次才是考虑开在哪里，最后还要综合考量周边配套设施等因素。

盒马、便利蜂分别代表生鲜超市和新型便利店的两大新零售业态，透视它们的选址逻辑，你会发现，新零售背景下的选址法则真的变了。

盒马选址的标准主要基于用户端数据，包括门店所在区域的用户密度、当地商业区基础，以及前期调研过程中的用户需求等。相比到店购物人群，盒马更看重配送范围能否覆盖足够的用户量，只要周边 3 公里能覆盖到更多人口，所谓的"黄金铺位"并非必要条件。

便利蜂在选址上遵循在同一区域密集开店的原则。它之所以能实现密集开店，主要得益于三大优势：一是在一定区域内提高品牌效应，与消费者建立信任度；二是集中一定范围，店与店之间的较短距离能提高物流和配送效率；三是广告和促销宣传更见成效。每个门店会根据地理特征、商圈情况、社区特征、客群构成、面积大小等因素，由系统匹配相应的运营模型，在选品、陈列上差异化经营。

思考题

1. 结合案例分析选址对企业的重要性。

2. 你能总结出新零售和传统零售企业选址策略的不同之处吗？

08 项目八 推广创业项目

项目八
思维导图

🔧 背景与任务

常小信在不断完善创业计划的过程中，与学校邀请的多位投资者进行了交流，大部分投资者表示他的创业项目是有前景的，但目前还很不成熟，客户规模增长过于缓慢。起初，常小信和团队小伙伴认为是技术还不成熟，于是不断围绕产品加大研发创新的投入。但一段时间后，效果依然不明显。常小信开始反思，试图找出问题的症结。他带着这些问题，再次请教自己的导师。导师分析后认为，常小信所选的创业项目本身没有大问题，但要做大做强还需要从整体上开展营销策划，稳中求进。导师建议他完成 3 个任务：①调查市场环境，制定市场开发战略；②规划品牌化建设；③分析创业项目可能存在的风险，并制定应对措施。

🔧 学习目标

- **知识目标**
1. 掌握市场环境分析方法。
2. 掌握营销组合策略。
3. 掌握促销方案的主要内容。
4. 熟悉品牌建设的过程。
5. 了解创业风险的基本概念和类型，掌握创业风险的应对方法。

- **能力目标**
1. 能准确分析创业项目的市场环境。
2. 能设计营销组合，制定短期促销方案。
3. 能制定创业项目的品牌化建设方案
4. 能识别创业风险并采取应对措施。

- **素质目标**
1. 具有良好的信息素养和学习能力，能够运用正确的方法掌握新技能。
2. 具有独立思考和创新能力，能够掌握相关知识点并完成项目任务。

- **价值目标**
1. 具有良好的家国意识，关心国家发展，了解国家所取得的成绩和面临的主要问题。
2. 深刻洞察和科学把握新时代国家发展的基本特征，深入贯彻创新、协调、绿色、开放、共享的新发展理念。

课前自学

一、市场环境分析

市场环境分析是新企业制定推广方案的依据和基础，也是营销方案设计的出发点。分析新创企业的市场环境是一个复杂但至关重要的过程，它涉及多个关键领域和因素，建议在一般环境分析、目标市场分析、行业分析、竞争分析等的基础上展开综合分析。

1. 一般环境分析

对于新创企业而言，一般环境是指那些不可控制的且能给企业的营销活动带来市场机会和环境威胁的主要社会力量。一般环境分析主要分析新创企业所处地区相关的政策法规、经济、技术、社会文化（如人们的价值观、产品使用习惯等）、人口统计特征（如性别比例、年龄分布、受教育程度等）、自然资源等。

初心茶坊

政策法规影响的主要分析内容

法律法规研究：了解影响行业的法律法规，如环保政策、税收政策、贸易政策等。

政策趋势：预测未来可能的政策变化，并评估这些变化对企业的影响。

合规性评估：确保新创企业的经营活动符合相关法规的要求。

2. 目标市场分析

目标市场分析又称"STP分析"，即市场细分（Segmenting）、选择目标市场（Targeting）和市场定位（Positioning），是指企业识别各个不同的消费者群体，选择其中一个或几个作为目标市场，运用适当的市场营销组合，集中力量为目标市场服务，满足目标市场的需要。

（1）市场细分。市场细分指企业根据消费者对产品或营销组合的不同需要，将市场分为若干不同的消费者群体，并勾勒出细分市场的轮廓。消费层次、消费习惯、消费偏好等不同的消费者有着不同的需要，要想获得消费者的认可，企业必须首先将自己定位于满足消费者需求的立场上。市场细分的主要标准有地理标准、人口标准、心理标准和行为标准等。

想一想

采用单一细分标准还是组合使用多种细分标准更有效？有没有具体的实例？

_____

_____

（2）选择目标市场。目标市场指企业选择要进入的细分市场。实践证明，受资金、渠道、环境等方面的限制，几乎没有企业能为所有消费者服务。

创客咖啡

常用的目标市场选择策略

① 市场集中化，即企业选择一个细分市场，集中力量为之服务。经营实力较弱的初创企业一般会采用此种策略来填补市场的某一空白。

② 产品专业化，即企业同时向几个细分市场提供一种产品。这种模式可以充分发挥产品生产的经营效率，但同时也会受到竞争者对目标市场的挑战，影响企业市场稳定。

③ 市场专业化，即企业围绕特定消费者群体提供多种产品，尽力满足他们的各种需求。

④ 有选择的专业化，即企业选择性地将符合自身目标和资源条件的几个细分市场作为目标市场，针对不同目标市场的特点，生产和营销目标市场所需的产品，满足不同消费者的需求。

⑤ 完全市场覆盖，即企业力图用各种产品满足各种消费者群体的需求。一般只有实力强的大企业才能采用这种策略。

目标市场应同时满足3个条件：一是有一定的规模和发展潜力，这样才能保证有获取收益的可能；二是未被竞争对手完全控制，否则企业进入该市场需要付出巨大的代价；三是符合企业的目标和能力。

想一想

对于初创企业而言，小众市场是否会影响创业成功？

_____

_____

（3）明确市场定位。市场定位就是确定企业及其产品在目标市场上的位置，具体来说是塑造企业及其产品在消费者心目中的形象。

创客咖啡

常用的定位策略

功效定位：强调产品的某项功效的定位，承诺一个功效点的单一诉求更能突出品牌的个性。

领导者定位：追求让品牌成为本行业中的领导者，发现本企业产品在某些有价值的属性方面的竞争优势，并取得第一的定位。

加强定位：在消费者心目中加强自身现有形象的定位，有意识地突出品牌某一方面的优势，给消费者留下深刻印象，从而获得竞争的胜利。

空档定位：寻找和发现一个市场空白地带的定位。

品质定位：强调产品优良的或独特的品质的定位。

> 情感定位：以关怀、牵挂、思念、温暖、怀旧、爱等情感体验，唤起消费者内心深处的认同和共鸣的定位。
>
> 消费者群体定位：突出产品专为某类消费者群体服务的定位。
>
> 情景定位：使消费者在特定的情景下联想该品牌，将品牌与一定环境、场合联系起来的定位。

想一想

新创企业如何了解消费者在哪里，以及消费者在买什么？

_____

_____

3. 行业分析

行业分析主要是对新创企业所属行业进行深入的研究和分析，一般主要包括行业市场规模分析、行业趋势分析、行业竞争分析、行业壁垒分析等方面。

行业市场规模分析主要是研究目标行业的整体市场容量。它可以表示为在特定时间内（如一年），新创企业的产品或服务在某个地区的市场销售额。市场规模的计算可以基于不同的指标，如销售额、销售数量、用户数量等。

🔲 创客咖啡

常用的市场规模测算方式

行业趋势分析是指对技术进步、消费者需求变化、政策变化等影响行业的长期因素的深入研究。创业者可通过研究行业的历史增长数据，分析当前市场状况，预测未来趋势。

行业竞争分析是指分析行业内的竞争格局，包括竞争对手的数量、规模和市场份额、竞争策略等。

行业壁垒分析主要研究进入和退出行业的难易程度。常见的行业壁垒有资金壁垒（企业进入市场需要投入大量的资金）、技术壁垒（企业在技术方面需要克服技术难关）、品牌与市场认知壁垒（即建立品牌知名度和市场接受度需要大量的时间和资源）。

4. 竞争分析

新创企业应充分深入地研究和分析竞争对手的各个方面，从而更好地了解自身在市场中的位置，进而才能制定更有效的推广策略。新创企业可从以下 4 个方面展开分析。

（1）竞争对手识别，即找出与本企业存在直接或间接竞争关系的企业。这些竞争对手可能来自同一行业，也可能来自不同行业但提供相似的功能或服务。

（2）市场份额分析。市场份额反映了企业在市场中的地位和影响力。市场份额分析主要研究竞争对手在特定市场中的销售额、市场份额及增长趋势。通过市场份额分析，企业可以了解自身的相对位置和竞争对手的威胁程度。

（3）产品（或服务）对比，即从产品（或服务）的功能、性能、质量、价格、用户反馈等方面对比竞争对手的产品（或服务）与自身的产品（或服务）。

（4）竞争对手的反应模式评估，即对竞争对手在面对竞争压力、市场变化时所展现出的应对策略、态度和行为特点的全面分析和评估。通过评估竞争对手的反应模式，新创企业可以深入了解竞争对手的策略偏好、竞争优势和潜在弱点，从而制定更加精准和有效的竞争策略。

想一想

竞争对于新创企业来说是好事还是坏事？新创企业应如何应对竞争压力？

_____

_____

5. 综合分析

在对企业内外部营销环境分析的基础上，创业者需要归纳企业的机会与威胁、优势与劣势，然后找出企业存在的真正问题与潜力，为后面的方案设计打下基础。企业的机会与威胁一般通过外部环境分析来把握，企业的优势与劣势一般通过内部环境分析来明确。人们通常使用SWOT分析法来进行分析。

SWOT分析法已被应用在许多领域中。S代表优势（Strength）、W代表劣势（Weakness）、O代表机会（Opportunity）、T代表威胁（Threat）。其中，S、W是内部因素，O、T是外部因素。图8-1所示为SWOT分析模型。

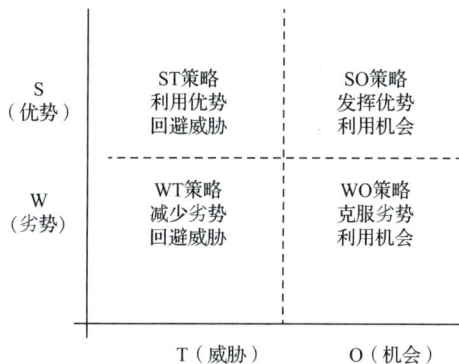

图8-1　SWOT分析模型

在对各类业务所遇到的环境机会和环境威胁进行综合分析后，新创企业可以形成4类业务：①高机会、低威胁的理想业务；②高机会、高威胁的风险业务；③低机会、高威胁的困难业务；④低机会、低威胁的成熟业务。对于新创企业而言，其策略应是一个企业"能够做的"（即组织的优势和劣势）和"可能做的"（即环境的机会和威胁）之间的有机组合。

⭐ **创客咖啡**

某会计专业学生的自我SWOT分析

一位会计专业大二学生对自我进行的SWOT分析如图8-2所示。

S（优势）	O（机会）
（1）做事认真负责，有较强的学习能力 （2）对待生活乐观积极 （3）喜欢思考问题，对待事物能够冷静思考 （4）能够充分利用周围资源 （5）有较强的表达能力和逻辑思维能力	（1）本专业师生关系密切，同学间人际关系较好 （2）本校与多家企业紧密合作，校园招聘机会很多 （3）在校期间，可考取多个职业资格证书
W（劣势）	T（威胁）
（1）办事考虑不周到 （2）做事不果断，瞻前顾后 （3）做事拖拉，不能马上完成 （4）冒险精神欠缺，做事保守	（1）用人单位招聘条件越来越高，实习机会较少 （2）用人单位对人才既有知识要求，又有实践能力要求 （3）对发现机会和把握机会的能力要求越来越高

图 8-2　某会计专业学生的 SWOT 分析

SWOT策略分析如下。

（1）SO策略，一方面在校期间多看书，多学习，掌握更多知识，提高自己的能力，同时提高就业竞争力；另一方面多参加招聘实习活动，多创造机会，多了解就业需要掌握的知识，为未来就业做铺垫。

（2）ST策略，多学习专业知识，将来可以在此方面有所发展。

（3）WO策略，一方面积极参加实习，积累实践经验，锻炼自己的能力；另一方面多参加招聘会和宣讲，提高自信心。

（4）WT策略，多参加社交活动，增强沟通协调能力，构建良好的人际关系网。

试一试

利用 SWOT 分析法对自己当前的状态进行分析，制定适合自身发展的 SWOT 策略。

需要注意的是，在进行市场环境分析时，新创企业需要收集大量的市场数据和信息，并运用分析工具和方法进行深入的定量和定性分析。此外，企业还需要保持对市场的持续关注，及时调整策略以适应市场变化。

二、营销组合策略

为更好地经营创业项目，创业者应针对目标市场的需要，综合考虑环境、能力、竞争状况等，对自己可控制的各种营销因素（产品、价格、分销、促销等）进行优化组合和综合运用，使之协调配合、扬长避短、发挥优势，以取得更好的经济效益和社会效益。

▶ 微课

市场营销组合

新创企业的营销组合策略大致可分为 4 个基本策略。

（1）产品策略

企业应明确以向目标市场提供各种适合消费者需求的产品（或服务）的方式来实现其营销目标的产品策略。产品策略主要包括了对所提供产品（或服务）的品种、规格、式样、质量、包装、特色、商标、品牌及各种服务措施等可控因素的组合和运用。建议采用表 8-1 检查产品策略制定情况。

表 8-1 产品策略制定检查表

名称	所解决的问题	回答与否
产品策略	相比于竞争对手，本创业项目的产品性能如何？	☐
	相比于竞争对手，本创业项目的产品有哪些特点？	☐
	相比于竞争对手，本创业项目的产品的外观与包装如何？	☐
	相比于竞争对手，本创业项目的产品的服务与保证如何？	☐

（2）价格策略

企业应制定以按照市场规律制定价格和变动价格等方式来实现其营销目标的价格策略。价格策略包括对同定价有关的基本价格、折扣价格、津贴、付款期限、商业信用及各种定价方法和定价技巧等可控因素的组合和运用。建议采用表 8-2 检查价格策略制定情况。

表 8-2 价格策略制定检查表

名称	所解决的问题	回答与否
价格策略	本创业项目的产品（或服务）所定价格是否能有利润？	☐
	本创业项目的产品（或服务）的消费者能否接受所定的价格？	☐
	本创业项目的产品（或服务）所定价格是否符合本企业的竞争策略？	☐

（3）分销策略

分销策略即企业所制定的有关本企业产品（或服务）向消费者转移所经过的流通途径和路线的策略。根据分销渠道的宽窄，产品的分销策略可分为以下3种。

① 密集分销：密集分销指制造商尽可能地通过许多负责任的、适当的批发商、零售商推销其产品。消费品中的便利品和产业用品中的供应品通常采用密集分销策略。

② 选择分销：选择分销指制造商在某一地区仅仅通过少数几个精心挑选的、最合适的中间商推销其产品。选择分销适用于所有产品。相对而言，消费品中的选购品和特殊品最宜采用选择分销策略。

③ 独家分销：独家分销指制造商在某一地区仅选择一家中间商推销其产品，通常双方协商签订独家经销合同，规定经销商不得经营竞争者的产品。

分销策略主要包括对同分销有关的渠道覆盖面、商品流转环节、中间商、网点设置及储存运输等因素的组合和运用，建议采用表 8-3 检查渠道策略制定情况。

表 8-3　渠道策略制定检查表

名称	所解决的问题	回答与否
渠道策略	产品（或服务）通过哪个（些）渠道销售？是否使用中间商？	☐
	各层使用多少中间商？渠道商（网点）设置密度如何？	☐
	中间商选择了哪些组织（个人）？	☐
	如何将产品顺利送抵消费者的手中？	☐

（4）促销策略

促销策略主要是指企业通过人员及非人员的方式传播产品（或服务）信息，帮助消费者熟悉该产品（或服务），并促使消费者产生好感，最后产生购买行为的策略。促销的实质是信息的沟通。常用的促销方式有广告、公共关系、营业推广及人员推销等。创业初期常用的促销方式是营业推广。

促销策略包括对同促销有关的广告、公共关系、营业推广、人员推销等可控因素的组合和运用。建议采用表 8-4 检查促销策略制定情况。

表 8-4　渠道策略制定检查表

名称	所解决的问题	回答与否
促销策略	企业如何通过广告手段将产品信息传递给消费者以促成消费行为的达成？	☐
	企业如何通过公共关系手段将产品信息传递给消费者以促成消费行为的达成？	☐
	企业如何通过营业推广手段将产品信息传递给消费者以促成消费行为的达成？	☐
	企业如何通过人员推销手段将产品信息传递给消费者以促成消费行为的达成？	☐

三、制定促销方案

促销即销售促进，也称为营业推广，就是营销者向消费者传递有关本企业及产品的各种信息，说服或吸引消费者购买产品，以达到扩大销量的目的的一种活动。

促销形式多样，依据对象不同可以分为 3 种类型，即面向消费者的促销、面向中间商的促销、面向本企业推销员的促销，如表 8-5 所示。

表 8-5　常用的促销的形式

对象	具体形式	方法
消费者	赠送样品	上门赠送、邮局寄送、购物场所散发、附在其他产品上赠送
	有奖销售	奖项设置可以是实物，也可以是现金
	现场示范	利用销售现场进行产品的操作表演，适用于新品的推出，也适用于使用起来比较复杂的产品
	特殊包装	减价包装、组合型减价包装，或在包装内附优惠券、抽奖券
	折价券	邮寄、附在其他产品中或在广告中附送，现阶段也可采用电子折价券的形式

对象	具体形式	方法
中间商	销售津贴	广告津贴、展销津贴、陈列津贴、宣传津贴
	合作广告	按销售额比例提取或报销，赠送广告底片、录像带或招贴、小册子等
	赠品	赠送相关设备（赠送陈列产品、销售产品、储存产品或计量产品所需的设备，如货柜、冰柜、容器、电子秤等）、广告赠品（印有企业的品牌或标志的日常办公用品或生活用品）
	销售竞赛	中间商完成一定的推销任务可以获得现金或实物奖励
	培训和展销会	一方面介绍产品知识，另一方面现场演示操作
	节日公关	节日或周年纪念日等重要日子举办各种招待会
推销员	销售提成	按事先约定从销售额中提成
	销售竞赛	对销售业绩好的销售员进行奖励，对销售业绩持续不佳的销售员进行惩罚，奖罚的形式包括物质奖罚和精神奖罚

促销方案一般包括以下 6 个方面。

（1）促销规模

为激励消费者的购买，一定的推广措施不可或缺。一般来说，随着促销规模的扩大，所需推广费用会增加，消费者受到的激励程度随之增强，销量也会随之增加，但当超过一定规模程度后，这种激励效用会逐渐递减。因此，创业者不仅要了解各种促销手段的效率，还要清楚地认识到推广规模和销量变化的关系，进而权衡推广方案所需投入的费用与所能取得的激励效果，找出最佳的促销规模，以取得合理、预期的推广效果。总体而言，促销的最佳规模要依据费用最低、效率最高的原则来确定。

想一想

促销规模与费用预算、参与对象人数存在怎样的关系？

_____

_____

（2）参与对象

促销活动是面向目标市场的每一个人还是有选择的某一部分人，范围控制的大小会直接影响促销的最终效果。企业在选择参与对象时，要尽量限制那些不可能成为长期顾客的人参加，如发放以购物凭证为依据的奖券就是鼓励已经购买这种产品的顾客，限制没有买过此产品的人。当然，限制面不能太宽，否则又会导致只有大部分品牌忠诚者或喜好优待的消费者才有可能参与，不利于目标顾客范围的扩大。

（3）送达方式

选择最佳的送达方式让推广对象来参与，以达到理想的效果。企业要根据推广对象，以及每一种渠道方法的成本和效率来选择送达方式。例如，赠券这种促销工具就有 4 种送达方式，附在包装内、邮寄、零售点分发和附在广告媒体上。每一种途径的送达率和费用都不相同，各有其优点。企业应从费用与效果的关系角度仔细斟酌、反复权衡，从而选出最佳的送达方式。

查一查

调查一下有哪些营销推广方案的送达方式？它们各自的优点和缺点有哪些？

_____

_____

（4）活动期限

任何促销方式在实行时都必须规定一定的期限，期限不宜过短或过长。如果促销活动的期限过短，可能使一些潜在消费者错过机会而无法获得这项利益，达不到预期的效果；如果持续时间过长，又会引起开支过大和损失刺激购买的力量，并容易使企业产品在消费者心目中降低身价。具体的活动期限应综合考虑产品的特点、消费者的购买习惯、促销目标、竞争者策略及其他因素，按照实际需求确定。

（5）时机选择

促销时机的选择应根据消费需求时间的特点，并结合市场营销总体战略来定，日程的安排应注意与生产、分销、促销的时机和日程协调一致。在不同地区推出促销活动应与地区营销管理人员一起根据整个地区的营销战略来研究与决定。

⭐ **创客咖啡** ────────────────────────────────

促销时机的选择

不管采用何种形式的活动契机，最重要的是合情合理，常见的活动时机如下。

（1）结合季节开展活动，如春日踏青、夏日清凉等。

（2）结合节日开展活动，如春节、中秋、端午等传统节日，以及情人节、父亲节、母亲节等非传统节日。

（3）配合当前的热门话题，如有段时间纪录片《舌尖上的中国》很受欢迎，很多店主就围绕该主题来策划活动。

（4）结合网店自身的纪念日，如网店成立纪念日等。

（6）费用预算

促销活动是一项较大的支出，必须事先进行认真的筹划预算。一次促销的费用通常由两部分构成：一是宣传推广费，主要包括印刷费、邮寄费、活动培训费、媒体传播广告费等；二是奖励费用，如赠品费、优惠或减价的成本、兑奖成本等。促销费用预算可以采取自下而上的方式，按照全年促销的各种方式及相应的成本来预算全年的支出；也可以按照在一定时期的促销总预算中拨出一部分用于促销。

如果策划一次面向全校的洗发水推广活动，需要预算哪些费用？

_____

_____

四、品牌化建设

1. 品牌的概念

品牌是指企业及其所提供的产品或服务，是由名称、术语、标记、符号、图案等组成的综合标识。品牌存在于消费者心目中，代表了企业或产品的视觉的、感性的和文化的形象。品牌是一个集合概念，主要包括品牌名称、品牌标识、商标和品牌角色 4 个部分。

（1）品牌名称。品牌名称指品牌中可以用语言称谓（可以读出）的部分，包括词语、字母、数字或词组等的组合，如联想、王老吉等。

（2）品牌标识。品牌标识指品牌中可以被认出、易于记忆但不能用言语称谓的部分，包括符号、图案或明显的色彩或字体。例如，比亚迪的品牌标识由英文字母 B、Y、D 和椭圆形轮廓组合而成，寓意着"Build Your Dreams（成就梦想）"；腾讯 QQ 的品牌标识采用了企鹅的形象来表现品牌的特点，形象地展示了品牌名称，如图 8-3 所示。

（a）比亚迪的品牌标识　　　（b）腾讯 QQ 的品牌标识

图 8-3　品牌标识

（3）商标。商标是经注册后受法律保障其专用权的整个品牌、品牌标识、品牌角色或者各要素的组合。在我国，当使用商标时，要用"R"或"注"明示，意指注册商标。未经注册获得商标权的品牌不受法律保护。

（4）品牌角色。品牌角色是用人或拟人化的标识来代表品牌的方式。例如，淘宝网采用的品牌角色是一个 Q 版卡通形象——淘公仔。橙色的淘公仔浑身透着健康，代表淘宝网想要传递的年轻、时尚、健康、阳光的企业形象，如图 8-4 所示。

图 8-4　淘宝网品牌角色——淘公仔

2. 品牌的作用

随着市场的发展、消费者品牌意识的增强，品牌对于企业经营的作用也相应地越来越大。具体而言，品牌的作用主要体现于以下 5 个方面。

（1）区分的标识。品牌通过名称、标识、色彩、标语等确定了一个产品的来源或制造者，从而使制造商或经销商对消费者（个人或组织）负责。企业拥有的品牌将自身与其他企业相区别，便于消费者记住和再次选择该产品或服务。

（2）核心价值的体现。品牌代表着企业的核心价值观念，向企业内部和外部的利益相关者承诺了其持续传递的特性、利益和服务。

（3）提供附加价值。品牌不仅表明了一定的质量水平，还能向消费者传达情感、文化、艺术、视觉、智能、环保、节能、人性等品牌附加功能。当前，消费者对产品的消费心理开始从追求基本功能需求及廉价实用向多种附加功能需求转移。

（4）帮助企业构建竞争优势。具有良好口碑的品牌能够使企业和产品与竞争对手形成差异，创造超高额利润回报，从而保证企业在激烈的市场竞争中立于不败之地。

（5）带来经济价值。成功的品牌不仅能给企业带来丰厚的经济收益，而且是一项代表着能影响消费者行为的、具有法律效力的资产。作为一种可以被买卖的资产，品牌可以为其拥有者提供将来收入的保障。

想一想

品牌的经济价值是如何评价的？

_____

_____

3. 企业品牌决策

企业品牌决策是企业对是否品牌化、用什么品牌、如何使用品牌等一系列有关品牌问题的决策。概括而言，企业品牌决策的主要决策内容涵盖了品牌化决策、品牌归属决策、品牌质量决策和家族品牌决策，如图 8-5 所示。这四大决策内容前后相继，共同回答了新公司品牌的建设方向。

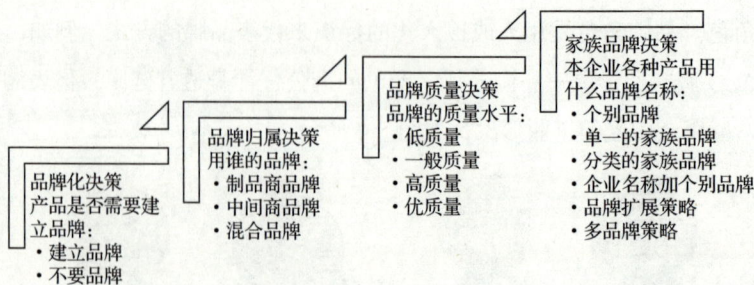

图 8-5　企业品牌决策内容

（1）品牌化决策，主要是就企业是否要建立品牌做出选择。选择要建立品牌，那么企业需要进一步解决后续的决策。反之，如果选择不用品牌，则后续决策也无须展开。

（2）品牌归属决策，主要是在决定建立品牌后，进一步决定使用谁的品牌。一般企业有 3 种选择：使用制造商品牌、使用中间商品牌或使用混合品牌（即有些产品用自己的品牌，有些产品用中间商品牌）。

（3）品牌质量决策，主要是决定其品牌产品的质量水平。品牌质量是指反映产品耐用性、可靠性、精确性等价值属性的一个综合尺度。

（4）家族品牌决策，主要是决定其产品都使用统一的品牌名称，还是分别使用不同的品牌名称。可供选择的决策有个别品牌、单一的家族品牌、分类的家族品牌、企业名称加个别品牌、品牌扩展策略和多品牌策略。

查一查

生活中有哪些产品使用了家族品牌策略？

_____

_____

4. 品牌建设过程

品牌建设是指品牌拥有者对品牌进行的设计、宣传、维护的行为和努力。品牌建设的内容涵盖了品牌资产建设、信息化建设、渠道建设、客户拓展、媒介管理、品牌搜索力管理、市场活动管理、口碑管理等多方面的建设活动。

☆ 创客咖啡 —————————————————————

蜜雪冰城的品牌建设

盛夏6月，平民饮品蜜雪冰城"刷屏"，以一系列"洗脑神曲"强势占据消费者心智。近年来，新中式茶饮在线上线下遍地开花，不同于喜茶、奈雪的茶等高端品牌，蜜雪冰城可谓平民饮品中的王者。在产品定价上，均价6元/杯的市场价格可谓相当接地气；在市场布局上，蜜雪冰城采取农村包围城市的战法，在三四线市场紧密布局；在营销手段上，蜜雪冰城通过塑造"雪王"这一IP形象实现了多轮次传播。同时，蜜雪冰城借助唱歌免费领取甜筒这一营销手段，打通线上线下平台，实现了消费引流与口碑扩张。

目前，企业的品牌意识越来越强，纷纷将品牌视为企业占有市场、获取最佳效益和良好信誉的有力保证与象征，将打造成功品牌作为自身努力的目标。强势品牌不是短时间能够累积起来的，它是一个循序渐进的过程。一般而言，企业品牌的建设分为品牌创立、品牌扩张和品牌维护 3 个阶段。这 3 个阶段分别以建立品牌知名度、提高品牌美誉度、提高品牌忠诚度为中心展开建设工作，如图 8-6 所示。

图 8-6　企业品牌建设过程

（1）品牌创立阶段。此阶段企业品牌建设的主要任务在于了解消费者和市场需求的基础上进行品牌定位，然后通过营销推广建立品牌的知名度。此阶段的核心工作内容包括品牌调研与诊断、提炼品牌核心价值、品牌化决策、品牌定位、品牌设计。

初心茶坊

国货"圈粉"

（2）品牌扩张阶段。此阶段企业品牌建设的主要目标在于通过分析消费者对品牌的反响，进一步提高品牌的美誉度。此阶段的核心工作内容为品牌的传播与推广。

（3）品牌维护阶段。此阶段公司品牌建设的主要目标在于提高消费者对品牌的忠诚度。此阶段的核心工作内容为品牌的维护与延伸。

五、品牌维护

品牌维护是企业针对外部环境的变化给品牌带来的影响所进行的维护品牌形象、保持品牌的市场地位和品牌价值的一系列活动的统称。对品牌的及时维护不仅可以强化品牌认知、保持和增加品牌核心价值，而且可以有效防止品牌老化，避免出现品牌空心化，预防和化解危机，防止假冒现象等的侵袭。

企业品牌的维护方法大体可以分为品牌的经营维护和品牌的法律维护两种类型。

1. 品牌的经营维护

（1）确保产品质量

产品是品牌形象的载体，其质量的优劣、安全系数的高低直接影响消费者对产品品牌形象的评价。维护品牌形象的核心就是从产品质量做起，保证消费者能够使用到质量合格、工艺先进、外观设计新颖的产品。

创客咖啡

品牌建设应与企业战略规划相结合

（2）提高服务质量

品牌附加值是品牌通过各种方式在产品的有形价值上附加的无形价值。消费者愿意购买品牌产品，其中一个重要原因就是看重该品牌所能带来的服务。因此，提供良好的服务，在消费者中形成良好的口碑，不仅是把品牌附加值转化为实际利润的重要手段，也是维护品牌的有效手段。

想一想

随着科技的发展，目前服务提供方式越来越多，查一查目前有哪些针对客户的不同需求提供各种快捷便利的服务方式？

_____

_____

（3）丰富品牌内涵

对现有品牌的深度或宽度进行调整和对品牌进行延伸，都能起到丰富品牌内涵的作用。品牌延伸是企业实施品牌战略的重要内容，它是在原有品牌影响力的基础上推出新产品或新品牌，以达到能让消费者快速接受新产品或新品牌的目的。

（4）广告宣传

广告作为引导消费者购物的重要手段，通过长期化的宣传，不断强化品牌声誉，有效起到品牌维护的目的。

（5）及时进行品牌定位更新

消费者的需求、市场竞争态势等各种市场因素都在动态变化中，这使得品牌的初始定位有可能不符合当前的现实状况，这就要求企业顺应市场变化，迎合消费者需求，及时更新品牌定位。需要注意的是，品牌定位的更新应注意保持稳定，动态调整。更新后的品牌定位不能破坏原有品牌定位的稳定性，不能影响品牌价值的实现，要保持品牌健康的发展态势。

（6）危机防范处理

企业只有提前做好品牌危机防范预案，当危机真实发生时才能有条不紊地通过预案化解危机。品牌危机的成功化解可以有效地维护企业品牌形象，重新赢得消费者对品牌的信赖和忠诚。

（7）提高员工素质

员工是企业的主体，也是企业形象的载体。企业中的部分员工需要与消费者进行接触，更直接地代表着企业的品牌形象。企业员工素质的提高对品牌形象的维护能起到促进作用。

初心茶坊

中国北斗、中国高铁，两张"国家名片"深度融合

2022年3月17日中国北斗卫星导航系统重大专项北斗铁路行业综合应用示范工程圆满完成各项任务。示范工程由中铁第五勘察设计院集团有限公司与北方信息控制研究院联合承担，其验收通过为中国建立铁路行业北斗"应用+标准"双重体系奠定了坚实基础，促进了中国北斗和中国高铁两张"国家名片"深度融合。

北斗铁路行业综合应用示范工程是国家北斗重大专项面向铁路行业的首批综合应用示范项目，围绕"1+1+9"进行建设布局，即建设1个大数据中心，构建1个时空信息云平台，融合大数据、GIS、物联网、5G、云计算、BIM技术，面向铁路勘察设计、施工及运维三大阶段，在铁路工程

测量、自动化监测系统、智慧工地系统、位置感知预警防护系统、铁路工务巡检、轨道测量及平顺性检测、"一带一路"中欧班列集装箱定位跟踪、高分遥感地质调查和高铁列控系统等九大铁路业务板块推广了8000余台套北斗终端设备。2020年10月10日，作为示范工程子项目之一的北斗惯性组合导航铁路轨道几何状态测量仪（俗称"北斗惯导小车"），在京沈高铁施工现场完成有砟轨道精测作业，这是北斗三号全球卫星导航系统开通后首次工程化应用于高铁建设领域。

2. 品牌的法律维护

（1）商标注册

加强品牌商标的注册工作，使品牌获得法律保护，这是保护品牌最为有效的手段之一。商标注册应遵循四大原则："注册在先"原则，即任何创建品牌的企业都必须及时注册自己的商标，切勿等产品出名后再行注册，以免被他人抢注；"宽类别注册"原则，即在申请注册时，不应仅在某一类或某一种产品上注册，而应同时在很多类产品上注册；"防御注册"原则，即在同一产品上，申请注册除正商标以外的多个近似商标；"宽地域注册"原则，即商标注册的地域要广，不能仅仅在某一国家或地区注册，而应同时在多个国家和地区注册。

想一想

我们为什么要保护商标？商标保护有地域限制吗？

_____

_____

（2）保护商业秘密

商业秘密是指不为公众所知悉、能为权利人带来经济利益、具有实用性并经权利人采取保密措施的技术信息和经营信息。对于商业秘密，企业应在宣传中注意自我保护，同时还应加强内部管理，防止泄密。

（3）打击假冒、侵权行为

假冒、侵权现象会对企业品牌产生负面影响，直接导致企业市场份额和利润的损失。企业一方面要利用科技手段提高自身的防伪能力，另一方面也要利用法律武器，借助市场监督管理部门的力量，全力打击假冒、侵权行为。

六、创业风险管控

在创业过程中，资金、技术、团队默契等方面都存在诸多不确定性，可以说，在创业活动中风险无处不在。要想取得良好的创业绩效，企业必须采取有效措施管控创业风险。

1. 创业风险的基本概念

创业风险是指由于新创企业内外部多种原因造成创业活动失败的可能性。任何创业者都必须重视创业风险。首先，创业风险是所有经营风险之中最早到来的，并且是其他经营风险的根源，若其发生将可能直接导致新创企业过早夭折。其次，由于企业处于成立的初期，事务繁多，创业风险具有相当强的隐蔽性，创业者不易觉察或无暇顾及。更为重要的是，主观认识的有限性和客观条件的动态易变性导致任何新创企业都无法完全规避创业风险。

▶ 微课

创业风险管控

想一想

创业中风险和收益的关系是什么？如何判断自己的风险承受程度？

_____

_____

2. 创业风险的类型

通过对已有经验的梳理，创业项目通常会面临以下12种风险。

（1）创业团队风险

创业团队风险，即由于某些原因引发创业团队工作不力，而导致新创企业创业绩效下降的可能性。这类风险的典型表现为"团队成员构成不合理，无法形成优势互补""团队士气涣散""人员流失率过高""创业精神不足"等，当这些表现出现，即预示着这类风险即将爆发。

☆ 创客咖啡

常见创业团队风险

① 信任缺口。在创业活动中，创业团队成员可能因为接受了不同的教育等，对创业活动有不同的预期，甚至在产业定位、商业冒险等方面产生分歧，从而引发信任问题。如果创业团队成员不能充分信任对方，或者不能够进行有效的交流，那么这一缺口将会变得更大，从而带来更大的风险。

② 经验缺口。在创业初期，创业团队往往缺乏经验，而此时的创业决策过程更加需要准确的判断。如果创业团队成员无法以自身其他优点弥补经验缺口，其差距可能越来越大，甚至产生隔阂、矛盾。更严重的情况是创业团队由于经验不足，导致误判，使得创业成果毁于一旦。因此这一缺口也将给创业带来巨大风险。

③ 管理缺口。管理缺口是指创业团队成员并不一定是出色的企业家，不一定具备出色的管理才能。产生这种缺口的原因主要有两个：一是创业者利用某一新技术进行创业，他可能是技术方面的专业人才，但却不一定具备专业的管理才能；二是创业者往往有某种"奇思妙想"，可以想出新的商业点子，但在战略规划上不具备出色的才能，或不擅长管理具体的事务。

（2）资源风险

资源风险，即由于人、财、物等资源在数量、种类、结构等方面的不合理而导致新创企业创业绩效下降的可能性。"不能及时筹齐所需资金""无法保证稳定的原材料供应""无法招到合适的人员""过分依赖特定供应商，资源调配困难"等都属于此类风险的典型表现。

（3）技术风险

技术风险，即由于技术方面的困难而导致新创企业创业绩效下降的可能性。此类风险的主要表现为"技术基础薄弱，设计能力不足""技术不成熟，技术和生产配套能力差""无法掌握关键生产环节和技术"等。

（4）组织管理风险

组织管理风险，即因组织管理不善而导致新创企业创业绩效下降的可能性。此类风险的典型表现为"管理体制不规范""人员配备不合理""责任体系不清楚"等。

（5）营销风险

营销风险，即在开展市场营销活动的过程中，由于各种不确定因素的影响，企业营销的实际收益与预期收益发生一定的偏差，进而导致新创企业创业绩效下降的可能性。此类风险的典型表现为"市场营销渠道建设不当""产品不适销对路""推销不力""服务或经营措施不当""保管不慎造成货物损失""运输过程中货物破损""营销人员缺乏职业道德，故意促使营销风险事故发生或损失扩大"等。其中，市场营销渠道建设是一件似易实难的事，创业者在创业时常常会漠视市场营销渠道建设的难度而盲目创业，最终导致创业失败。

（6）信息沟通风险

信息沟通风险，即由于企业内外部的沟通问题而导致新创企业创业绩效下降的可能性。此类风险的典型表现为"企业内部沟通不畅""企业与市场沟通不足""企业与合作伙伴沟通不足""企业与政府部门沟通不足"等。

创客咖啡

信息不对称带来的创业风险

（7）市场波动风险

市场波动风险，即由于市场需求、市场容量、市场发育程度和生产中的市场配套条件等情况的不确定性而导致新创企业创业绩效下降的可能性。此类风险的典型表现为"对市场的潜在需求研究不透彻""产品定价超出消费者的接受水平""对市场的变化趋势缺乏预见性"等。

（8）行业环境风险

行业环境风险，即由于行业的生命周期、进入和退出壁垒等的不确定性而导致新创企业创业绩效下降的可能性。此类风险的典型表现为"对行业进入或退出障碍估计不足""行业竞争过于激烈""对行业主导发展方向判断错误""重大技术进步或新技术出现"等。

（9）政策法规风险

政策法规风险，即由于政策法规的改变而导致新创企业创业绩效下降的可能性。此类风险的典型表现为"政策法规体系缺乏连续性""政策法规执行不规范""政策倾向有重大改变"等。

（10）经济环境风险

经济环境风险主要是指由于宏观经济形势的变化而导致新创企业创业绩效下降的可能性。此类风险的典型表现为"对宏观经济形势的估计过于乐观""居民可支配收入下降""资本市场不成熟"等。

（11）社会环境风险

社会环境风险，即由于人口结构、生活方式等社会文化因素的影响而导致新创企业创业绩

效下降的可能性。此类风险的典型表现为"人口结构发生改变""大众生活方式发生改变""产品与风俗习惯相抵触""产品不符合大众的审美观点和价值观念"等。

（12）自然条件风险

自然条件风险，即由于周围的自然环境状况及其变化而导致新创企业绩效下降的可能性。此类风险的典型表现为"自然环境不同于预期设想""自然灾害突发""自然环境剧烈变化"等。

3. 创业风险的应对方法

由于自身规模一般较小、实力较薄弱，新创企业在起步阶段的抗风险能力尤其弱，因此，有效地实施风险管理对新创企业尤为重要。既然创业风险是创业过程中不可避免的现象，那么正视风险，并想方设法去应对风险，既是每个创业者必须具备的意识，又是其在创业过程中的重要任务。风险应对即通过多种措施使风险降至可接受程度的过程。一般而言，创业风险的应对方法大体可分为规避风险、预防风险、缓解风险、自留风险和转移风险等。

① 规避风险，即主动避开导致损失产生的可能性。规避风险比较适用于两种情况，一是某种特定风险所导致的损失的发生频率和严重程度相当高，二是采用其他风险防范措施所需的成本超过该项活动所产生的经济收益。为避免经济损失，创业者应在企业开展相应活动之前，采取相应措施，以规避风险。

② 预防风险，即采取预防措施，以降低损失产生的可能性及严重程度。例如，为了防止新创企业中的人员流失，创业者可以采取一些提高待遇、改善工作环境的措施；为防止程序或数据丢失而进行数据备份等。

想一想

大学生如何在创业初期有效规避风险，提高成功率呢？

_____

_____

③ 缓解风险，是指在损失产生前消除可能导致损失的根源，并降低损失事件发生的频率。缓解风险的基本点在于消除风险因素和减少风险损失。

缓解风险的措施主要包括降低风险发生的可能性、控制风险损失、分散风险和采取一定的后备措施等。采取预防措施，以降低风险发生的可能性是缓解风险的重要途径。控制风险损失是指在损失不可避免地要产生的情况下，采取各种措施以遏制损失继续扩大或限制其扩展范围。

④ 自留风险，即主动承担风险。自留风险一般适用于应对发生概率低且严重程度低的风险。自留风险有时为主动自留，有时为被动自留；有时为全部自留，有时为部分自留。对于自留风险需要的资金，创业者可以通过事先建立内部意外损失基金和从外部取得应急贷款或特别贷款的方法筹集。

⑤ 转移风险，是指通过某种安排，有意将自己面临的风险全部或部分转移给其他企业。保险是应用范围最广、最有效的转移风险手段之一。

自学自测

一、单选题

1. SWOT 分析法中的 O 代表（　　　）。

A. 优势　　　　　　　　　B. 劣势

C. 机会　　　　　　　　　D. 威胁

2. 目标市场分析又称"STP 分析"，即市场细分、（　　　）和市场定位。

A. 市场细分　　　　　　　B. 选择目标市场

C. 产品定位　　　　　　　D. 市场调查

3. "正宗的""第一家"属于（　　　）。

A. 功效定位　　　　　　　B. 领导者定位

C. 加强定位　　　　　　　D. 空档定位

4. （　　　）指品牌中可以用语言称谓（可以读出）的部分。

A. 品牌名称　　　　　　　B. 品牌标识

C. 商标　　　　　　　　　D. 品牌角色

二、多选题

1. 常用的目标市场选择策略包括（　　　）。

A. 市场集中化　　　　　B. 产品专业化　　　　C. 市场专业化

D. 有选择的专业化　　　E. 完全市场覆盖

2. 品牌是一个集合概念，主要包括（　　　）

A. 品牌名称　　　　　　B. 品牌标识　　　　　C. 商标

D. 品牌角色　　　　　　E. 品牌策略

3. 运用 SWOT 分析法需要分析（　　　）。

A. 优势　　　　　　　　B. 劣势　　　　　　　C. 机会

D. 威胁　　　　　　　　E. 出现的概率

4. 一般而言，创业风险的应对方法大体可分为（　　　）。

A. 规避风险　　　　　　B. 预防风险　　　　　C. 缓解风险

D. 自留风险　　　　　　E. 转移风险

三、判断题

1. 市场环境分析是新企业制定推广方案的依据和基础。（　　　）

2. 创业初期最常用的促销方式是营业推广。（　　　）

3. 促销规模越大越好。（　　　）

4．创业风险是所有经营风险之中最早到来的，并且是其他经营风险的根源。（　　）

5．自留风险一般适用于应对发生概率虽大但严重程度低的风险。　　　　（　　）

四、简答题

1．简述目标市场分析的主要内容。

2．简述促销方案的主要内容。

3．简述企业品牌的建设过程。

4．简述创业风险的应对方法。

课中实训

实训一 设计创业项目整合营销方案

任务 1 市场环境分析

任务描述 学生小组整理、完善选定的创业项目的相关市场环境分析材料，对该创业项目进行 SWOT 分析，制定应对策略，并将相关要点填入表 8-6。

表 8-6 创业项目市场环境分析

研究目标		研究成果
本创业项目的优势		
本创业项目的劣势		
市场中的机会		
市场中的威胁		
项目 SWOT 策略	SO 策略	
	ST 策略	
	WO 策略	
	WT 策略	

任务 2 制定 STP 战略

任务描述 学生小组根据前述 SWOT 分析的结果，细分本创业项目所面对的市场，讨论决策目标市场，完整描述 STP 战略的过程和内容，并将相关要点填入表 8-7。

表 8-7 创业项目 STP 分析

研究目标	研究成果
本创业项目的市场细分	
选择目标市场	□ 单一产品专注于单一市场（市场名称：_____） □ 差异化产品服务于几个市场（市场名称：_____） □ 单一产品服务于全部市场 □ 多样化产品服务于专门市场（市场名称：_____） □ 多样化产品服务于全部市场
本创业项目的市场定位	产品定位： 企业定位： 竞争定位：

任务 3　设计营销组合策略

任务描述　学生小组根据选定的创业项目所确定的 SWOT 策略和 STP 战略，设计创业项目的营销组合策略，并将相关要点填入表 8-8。

表 8-8　创业项目营销组合策略

研究目标	研究成果
产品策略	
价格策略	
分销策略	
促销策略	

实训二　制定品牌化建设方案

任务 1　设计创业项目品牌

任务描述　学生小组根据前述创业项目 STP 分析的结果，设计品牌，揭示品牌核心价值，并将相关要点填入表 8-9。

表 8-9　创业项目品牌设计

研究目标	研究成果
品牌名称	
品牌标识	
品牌角色	

任务 2　制定品牌推广方案

任务描述　学生小组为选定的创业项目制定品牌推广方案，并将相关要点填入表 8-10。

表 8-10　创业项目品牌推广方案

研究目标	研究成果
阶段划分（预计时长）	
各阶段推广预期目标	
各阶段推广渠道	
各阶段推广预算	

实训三　管控创业项目的风险

任务 1　分析关键风险

任务描述　学生小组整理选定的创业项目可能存在的风险，分析列出的风险，并将相关要点填入表 8-11。

表 8-11　创业项目风险分析

研究目标		研究成果
内部风险	创业团队风险	
	资源风险	
	技术风险	
	组织管理风险	
	营销风险	
	信息沟通风险	
外部风险	市场波动风险	
	行业环境风险	
	政策法规风险	
	经济环境风险	
	社会环境风险	
	自然条件风险	

任务 2　制定创业风险应对策略

任务描述　学生小组针对任务 1 列出的创业项目的风险，制定应对策略，并将相关要点填入表 8-12。

表 8-12　创业风险的应对策略

研究目标		研究成果
内部风险	创业团队风险	
	资源风险	
	技术风险	
	组织管理风险	
	营销风险	
	信息沟通风险	

续表

研究目标		研究成果
外部风险	市场波动风险	
	行业环境风险	
	政策法规风险	
	经济环境风险	
	社会环境风险	
	自然条件风险	

复盘反思

1. 知识盘点：通过对"推广创业项目"这一项目的学习，你掌握了哪些知识？请画出思维导图。

2. 方法反思：在完成本项目学习和实训的过程中，你学会了哪些分析问题和解决问题的方法？

3. 行动影响：在完成本项目学习和实训的过程中，你认为自己还有哪些地方需要改进？

任务实施评价

技能点评价表

使用说明　按评价指标评价项目技能点成绩，满分为 100 分。其中，设计创业项目整合营销方案占 40 分，制定品牌化建设方案占 40 分，管控创业项目的风险占 20 分。教师评价占 70%，学生互评占 30%。

	技能点评价指标	分值	得分
设计创业项目的营销方案	营销环境分析描述的清晰度	10	
	营销方案描述的完整性	10	
	营销活动进度安排的合理性	10	
	营销活动经费预算表的准确性	10	
制定品牌化创建方案	品牌名称有区分度且符合项目定位，品牌标识、品牌角色的设计有辨识度且简洁大方，体现核心价值	10	
	品牌推广计划目标清晰，阶段划分合理	10	
	品牌推广渠道选用恰当	10	
	品牌推广预算完整合理	10	
管控创业项目的风险	风险管控方案描述的完整性	10	
	风险管控方案描述的清晰度	10	

素质点评价表

使用说明　按评价指标评价项目素质点成绩，优秀为 5 分，良好为 4 分，一般为 3 分，合格为 2 分，不合格为 1 分。评价分为学生自评与小组成员互评。

评价对象	素质点评价指标	得分	评价对象	素质点评价指标	得分
自评	团队协作能力		成员 2	团队协作能力	
	交流沟通能力			交流沟通能力	
	信息素养和学习能力			信息素养和学习能力	
	独立思考和创新能力			独立思考和创新能力	
成员 1	团队协作能力		成员 3	团队协作能力	
	交流沟通能力			交流沟通能力	
	信息素养和学习能力			信息素养和学习能力	
	独立思考和创新能力			独立思考和创新能力	

注：①团队协作能力，指能与小组成员合作完成项目；②交流沟通能力，指能良好地表达自己的观点，善于倾听他人的观点；③信息素养和学习能力，指善于搜集并借鉴有用的信息、好的思路和想法；④独立思考和创新能力，指能提出新的想法、建议和策略。

课后提升

案例　艾拜客创业项目市场环境分析

经过对内外部环境及自身资源的梳理，艾拜客创业团队总结了创业项目经营的优势与劣势、机遇与威胁。

优势：经过前期的努力，公司已经积累众多的终端资源，拥有便捷的线下销售模式及优秀的供应链管理。此外，公司的自有品牌商品具有较高的性价比，公司也在不断尝试创新的营销策略。

劣势：公司成立时间较短，相关行业经验尚不成熟，与合作商资源共享率较低，资金链紧张。此外，自主品牌知名度低也是一大不足。

机遇：自行车运动的发展和国内骑行俱乐部的蓬勃发展，以及国家对于全民运动健身的重点扶持，致使健身房市场规模呈爆炸式增长趋势，带动了企业相关业务的发展；自行车行业的分类是金字塔形，以出行为目的的自行车位于金字塔最底端，而高端运动自行车位于金字塔最顶端。共享单车模式的崛起让自行车金字塔的基数迅速扩大，同时扩大了高端运动自行车的潜在客户，此时车不再是出行工具，而是兼顾运动与健身的一种生活方式。自行车产业技术含量低，资本要求不高且目前无太多强有力的在位者。

威胁：自行车产业销售缩水及新零售竞争激烈无疑会给公司经营带来巨大压力。

思考题

1. 阅读案例，思考创业项目的优势和劣势是如何分析得来的？案例中的创业团队的SWOT分析对你有何启发？

2. 分析该创业项目SWOT分析的结果，请为其制定SO、ST、WO、WT策略。

09 项目九 编制创业计划书

项目九
思维导图

⚒ 背景与任务

经过前一阶段的努力，常小信酝酿了创业项目并且初步筹集到了一些创业资源。完成这个项目到底需要哪些资源、需要多少，如何做大做强这个项目……小信有了新的疑惑，于是再次联系了导师。导师提醒他，通过编制创业计划书来梳理自身的优势和劣势、理清创业思路，明确自己的发展方向，这样有助于创业项目的成功。创业计划书是创业者对创业项目进行可行性分析、理清创业思路的有效工具，同时也是创业企业的象征和代表，是对风险投资机构、银行、客户、供应商等企业外部组织及人员进行宣传的重要工具。为了顺利完成创业计划书的编制，导师让他再完成两个任务：①梳理前期策划出的创业项目及已有的创业资源，制作完成一份完整的创业计划书；②对前一任务完成的创业计划书进行内容优化和形式优化，制作本创业项目创业计划书可打印稿。

⚒ 学习目标

- 知识目标

  1. 理解创业计划书的概念及作用。
  2. 熟悉创业计划书的编制过程。
  3. 掌握创业计划书的写作要点。

- 能力目标

  1. 能合理规划创业计划书的编制过程。
  2. 能根据不同目的完成创业计划书的编制。
  3. 能优化创业计划书。

- 素质目标

  1. 具有团队合作精神和协作能力，能够协调小组分工。
  2. 具备良好的交流沟通能力，能够有效地表达观点并进行成果汇报展示。
  3. 具有良好的信息素养和学习能力，能够运用正确的方法和技巧掌握新知识、新技能。
  4. 具有独立思考和创新能力，能够掌握相关知识点并完成项目任务。

- 价值目标

  1. 具有深厚的爱国情感和民族自豪感，了解我国在全面建成小康社会决胜阶段取得的成就，体会国家进行五年规划的重要意义。
  2. 具有精益求精的工匠精神，以匠心铸精品。

课前自学

一、认知创业计划书

▶ 微课

认识创业
计划书

在创业初期，创业者有诸多事情要做，如不及时厘清工作重点，久而久之，事情越积越多，就可能束手无策。所以，创业者要想做好各项工作、提高工作效率，就必须有一个合理的计划。

1. 计划的概念及作用

计划是指为了更加准确地达到最初的目的，对实施过程中的每个环节分步安排实施措施或实施内容。"凡事预则立，不预则废。""计划、组织、协调、控制"是管理的基本职能。作为管理的基本职能之首的"计划"，作用尤为突出。大到国家治理，小到个人的学习生活，开展任何一项工作，首先都要计划，而后才会有组织、协调和控制。

📖 初心茶坊

五年规划："中国之治"的独特优势

五年规划（The Five-Year Plan，原称五年计划），全称为中华人民共和国国民经济和社会发展五年规划纲要，是中国国民经济计划的重要部分，属长期计划，主要对国家重大建设项目、生产力分布和国民经济重要比例关系等做出规划，为国民经济发展远景规定目标和方向。我国从1953年开始制定第一个"五年计划"，从"十一五"起，"五年计划"改为"五年规划"。

翻开历史的画卷，我们可以发现，我国已经制定并顺利实施了十三个五年规划（计划），第十四个五年规划也将如期完成。

对企业而言，计划可以起到如下 4 种作用。

（1）指明方向，提高效率。计划可以让企业明确各个时间段内要完成的目标任务，进而搞清楚自己的工作重点。如此一来，工作就有了明确的目标和具体的步骤，管理者就可以协调大家的行动，增强工作的主动性，减少盲目性，使工作有条不紊地进行。

（2）预测变化，设法消除不良后果。在当今社会，社会政策、经济政策、科学技术和人的观念都处于变化之中，企业要生存和发展，必须积极面对层出不穷的变化。计划可预测变化，并设法消除这种变化为企业带来的不良后果。

（3）减少重复和浪费。计划是一项将企业的活动系统化的工作，它使整个企业的工作协调一致、相互配合，以发挥整体优势。计划确定了企业的目标和行动方案，使整个企业的活动有序、协调，可避免盲动和不协调带来的损失。计划还有助于企业员工用最短的时间完成工作，减少迟滞和等待时间，有助于企业合理使用与控制资源。

（4）有利于管理人员有效地进行控制。计划是各项工作进度和质量的考核标准，能有效地约束和督促企业员工。计划所确定的目标和指标体系是管理人员进行控制的基础。可以说"计划为管理活动提供控制标准，而计划的实现需要控制的保证"，所以计划对企业的管理工作既有指导作用，又有推动作用。

查一查

我国在全面建成小康社会决胜阶段取得了哪些伟大成就？

_____

_____

2. 创业计划书的概念

创业计划书（Business Plan，BP）是有关创业项目的文件，详细描述了创业目标，为创业提供路线图、实现步骤、时间进度安排。

通过编制创业计划书，创业者不仅能清晰地梳理出创业项目所能提供的产品（服务）及其收益情况，以及已得到的各种资源支持，还能为创业团队及相关投资人提供信息分析基础和信息交流依据，从而指导、监测创业活动，以提高创业效率。

当前，创业计划书不仅仅具有吸引投资人的作用，它逐渐转变为企业向外部推销宣传自己的工具和加强内部管理的依据。可以说，创业计划书是对创业项目进行宣传和包装的文件，创业者可通过它向风险投资商、银行、客户、供应商宣传企业及其经营方式。同时，创业计划书又为创业项目未来的经营管理提供必要的分析基础和衡量基准。

3. 创业计划书的作用

编制创业计划书能够帮助创业团队理清思路，明确目标，避免创业活动过程中的种种盲目行为，使各项工作有条不紊、循序渐进地开展下去。一份优秀的创业计划书往往能使创业者取得事半功倍的效果。具体而言，创业计划书的作用主要体现在以下3个方面。

（1）创业计划书是创业团队整理思路、凝聚共识的基础。创业计划书是由创业者制订的书面计划，分析和描述了创办一个新企业所需的各种因素。创业团队成员通过制订计划对企业进行评估，既能对创业前景有更加清晰的认识，又能及时地让自己的目标、行为与团队总体的创业目标和团队整体的行动保持一致。

（2）创业计划书是创业者叩响投资人大门的"敲门砖"。创业计划书通过对创业项目进行全方位的书面描述，向潜在投资人展示了创业项目本身的价值及项目在经济、技术等各方面的可行性。

（3）创业计划书是创业项目实施和评估的依据。创业计划书是一种有关创业项目的商业计划文件，详细描述了创业目标，为所创事业提供路线图、实现步骤、时间进度安排。

想一想

创业计划书在创业项目实施的过程中可以起到哪些作用？

_____

_____

⭐ **创客咖啡**

创业计划书、项目合作书、商业计划书的区别

创业计划书是项目方在创业初期用来吸引天使投资人的文件。同时，创业计划书也是创业者为自己编制的目标书，以明确自己在什么时候将项目实施到哪一步。

项目合作书是项目方为了招商合作和实现其他发展目标等所制作的计划书。一份好的项目合作书的特点有关注产品、敢于竞争、有充分的市场调研，能有力说明资料、表明行动方向、展示优秀团队，有良好的财务预计等，从而使合作伙伴更了解项目的整体情况及业务模型，同时判断该项目的可盈利性。

商业计划书是企业为了招商合作和实现其他发展目标，根据一定的格式和内容要求而编辑整理的，向受众全面展示企业和项目的目前状况、未来发展潜力的书面材料。

4. 创业计划书的编制过程

创业计划书的编制过程大体可分为以下 6 个阶段，如图 9-1 所示。

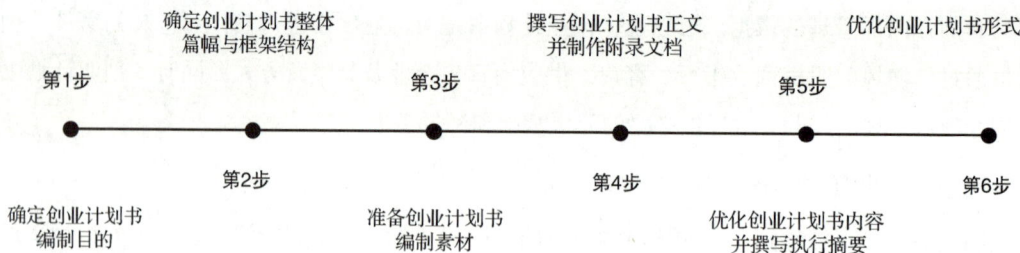

图 9-1 创业计划书的编制过程

第 1 步，确定创业计划书编制目的。在创业计划书编制之初，创业者应明确创业计划书的编制目的，使相关参与人员能准确把握创业计划书的侧重点，以便其有针对性地对相关编制素材及议题做出相应的调整，从而提高编制效率，让创业计划书具有针对性。

第 2 步，确定创业计划书整体篇幅与框架结构。在创业计划书编制之初，创业者还应对拟编制的创业计划书有明确的总体把握，先根据编制目的确定创业计划书的整体篇幅，紧接着，根据创业计划的具体目的确定创业计划书的总体框架，包括创业计划理应涉及的几个要素的取舍方式及议题的增减计划。

第 3 步，准备创业计划书编制素材。创业者在该阶段的主要任务为细化创业计划的构想，以创业计划书的总体框架为指导，搜集编制创业计划书可能用到的企业内部和外部资料。搜集的资料通常包括创业项目所在行业的发展报告、产品市场调查报告、创业项目产品的测试报告、竞争对手的有关信息及企业内部的组织机构设置方案、过去的财务报表等。创业者还可以通过市场调查了解整个行业的市场状况，如产品价格、销售渠道、客户分布及市场发展变化的趋势等因素；确定潜在竞争对手并分析本行业的竞争方向；通过财务分析量化企业的收入目标和战略目标。

第4步，撰写创业计划书正文并制作附录文档。在此阶段，创业者应利用搜集到的资料制定企业未来的发展战略，对前面选定的框架结构进行调整，完成整个创业计划书正文的撰写。与此同时，创业者可在正文之后制作相关附录文档，放入如企业的营业执照、专利证书、市场调查报告、企业产品说明、有关的新闻报道、主要管理者的简历、预测财务报表等有助于佐证和进一步说明创业计划书中的相关内容的文档，以帮助感兴趣的投资人深入了解创业项目各方面的信息。

第5步，优化创业计划书内容并撰写执行摘要。创业者在此阶段应认真征求创业团队以外的人士（如专业顾问）的意见，不断优化创业计划书的内容，以增强创业计划书的可读性和规范性。内容优化完成后，创业者应撰写一个能简短总结创业计划书内容的执行摘要。

第6步，优化创业计划书形式。在此阶段，创业者应针对创业计划书的开本、封面、护封、书脊、版式、环衬、扉页、插图、插页、封底、版权页、书函、装订形式、使用材料等进行装帧设计，以优化其形式。

想一想

向所有读者呈现统一的创业计划书的利与弊各有哪些？是利大还是弊大？

_____

_____

二、创业计划书的内容写作

1. 主要框架

创业计划书没有固定的格式，主体框架的确定即是创业活动各要素的选择和组织过程。创业计划书的框架有多种形式，主要有如下两类。

（1）产品类创业计划书的框架（见表9-1）

▶ 微课

创业计划书
写作要点

表 9-1 产品类创业计划书的框架

结构	主要内容
封面	项目名称、企业名称、团队名称、日期等基本信息
执行摘要	企业概要、产业发展现状、产品类型、融资计划、财务预算等简介
目录	正文目录
公司情况	企业简介、历史沿革、股权结构、企业现况、发展规划等
产品	产品描述，生产技术、工艺技术、研发能力介绍，专利说明等
环境和行业分析	前景和趋势分析、竞争分析、行业和市场预测
生产计划	生产流程、机器设备、原材料供应
运营计划	企业运营描述、产品的订单流程说明、技术利用情况介绍
市场营销计划	定价、分销、促销、产品预测、控制

续表

结构	主要内容
团队与管理	创业团队成员介绍、组织架构介绍、高管学历／经历说明、管理规章制度介绍、公司的激励方案说明
风险评估	潜在风险、风险带来的后果、应对措施
财务计划	资金需求、资金使用计划、财务预测、财务分析
附录	创业团队简历、产品或产品原型的图示或照片、契约或合同、市场研究数据、专利等

（2）服务类项目创业计划书的框架（见表9-2）

表9-2 服务类项目创业计划书的框架

结构	主要内容
封面	项目名称、企业名称、团队名称、日期等基本信息
项目摘要	企业概要、产业发展现状、商业模式、融资计划、财务预算等简介
目录	正文目录
公司情况	企业简介、历史沿革、股权结构、企业现况、发展规划等
服务项目	服务项目描述、市场概况、目标对象、商业模式、运营描述
市场推广	产业分析、竞争分析、营销规划、营销方案设计
团队与管理	创业团队成员介绍、组织架构介绍、高管学历／经历说明、管理规章制度介绍、公司的激励方案说明
财务计划	资金需求、资金使用计划、财务预测、财务分析
风险规避说明	潜在风险、风险的后果、应对措施
附录	审查报告、章程、验资证明、合同、产权等

2. 写作要点

（1）执行摘要

执行摘要（Executive Summary）列在创业计划书的最前面，是创业计划书最核心的内容之一。执行摘要浓缩了创业计划书的精华，对创业计划书的编写及最终效力的发挥都起着重要的作用。执行摘要涵盖了创业计划书的要点，要求一目了然，便于读者在最短的时间内评审计划并做出判断。执行摘要一般要包括以下内容：企业介绍，主要产品和业务范围，市场概貌，营销策略，销售计划，生产运作计划，管理者及其组织，财务计划，资金需求状况等。建议创业者在完成正文内容优化后再撰写执行摘要。

（2）产品（或服务）介绍

在进行投资项目评估时，投资人最关心的问题之一就是企业的产品（或服务）能否解决及能在多大程度上解决现实生活中的问题，或者企业的产品（或服务）能否帮助消费者节约开支、增加收入。因此，产品（或服务）介绍是创业计划书中必不可少的一项内容。通常，产品（或服务）介绍应包括以下内容：产品的概念、性能及特性，主要产品（或服务）介绍，产品（或服务）的市场竞争力，产品（或服务）的研究和开发过程，发展新产品（或服务）的计划和成本分析，产品（或服务）的市场前景预测，产品（或服务）的品牌和专利。

在产品（或服务）介绍部分，要对产品（或服务）进行详细的说明，说明既要准确，又要通俗易懂，使不是专业人员的投资人也能明白。一般而言，产品介绍都要附上产品原型、照片或其他介绍。

（3）人员及组织结构

高素质的创业团队、管理团队和良好的组织结构是管理好企业的重要保证，也直接影响投资人对创业项目的评估。新创企业的管理人员应该由能力互补、富有团队精神的人员组成。这些人员要有明确的负责产品设计与开发、市场营销、生产作业管理、企业理财等方面的分工专长。创业计划书必须对创业团队的主要人员加以阐明，介绍他们的能力、他们在本企业中的职务和责任、他们过去的详细经历及背景。此外，创业计划书在这部分中还应对企业的组织结构做简要介绍，包括企业的组织机构图、各部门的功能与责任、各部门的负责人及主要成员、企业的报酬体系、企业的股东名单（包括认股权、比例和特权等）。

（4）市场预测

当企业要开发一种新产品或向新的市场扩展时，首先就要进行市场预测。如果预测的结果并不乐观，或者预测的可信度让人怀疑，那么投资人可能就会因判断要承担过大的风险而认为创业项目不可接受。在创业计划书中，市场预测应包括以下内容：市场现状，本企业产品的市场地位，竞争厂商概览，目标顾客，目标市场特征，市场需求量预测等。尤其需要注意的是，市场预测不可凭空想象，对市场的错误预测是很多新创企业创业失败的最主要原因之一。新创企业对市场的预测应建立在严密、科学的市场调查的基础上。新创企业面对的市场本来就有较为变幻不定、难以捉摸的特点，因此，新创企业应尽量扩大信息搜集的范围，重视对环境的预测和采用科学的预测手段与方法。

（5）营销策略

营销是企业经营中最富挑战性的环节。对新创企业来说，产品（或服务）知名度低，很难进入稳定的销售渠道。与此同时，受资金量的限制，创业项目不能无选择性地同时采用多渠道、多种营销手段。创业者必须制定低成本、高效率的营销组合策略，尽快将创业项目的产品（或服务）推广开来。

（6）经营管理

创业计划书应列明让创业项目运转起来的经营管理方案。其主要包括创业项目产品的生产工艺（或服务流程）、产品制造和技术设备现状、新产品投产计划、技术提升和设备更新的要求、生产周期、人员配备、产品（或服务）的质量控制和质量改进计划等。

（7）财务规划

创业计划书需要概括地总结创业者在筹资过程中要做的事情，而财务规划则是对创业计划书的支持和说明。需要注意的是，着眼于开发一项新技术或创新产品的新创企业不可能参考现有市场的数据、价格和营销方式。因此，创业者要预测企业进入市场后的成长速度和可能获得的纯利，并把自己的设想、管理队伍的方式和财务模型推销给投资人。而对于准备进入一个已有市场的新创企业，创业者可以很容易地说明整个市场的规模和改进方式。新创企业可以在获得目标市场信息的基础上，对企业头一年的销售规模进行规划。

（8）关键的风险与问题

创业活动面临着充满各种不确定性的复杂环境，加之创业者个人的局限性，导致很多创业活动具有偏离预期目标的风险。因此，为尽可能降低风险发生的可能性，创业者在制订创业计划时即应对创业项目可能面临的技术、市场、财务等方面的风险和问题进行预测，并预先制定应对措施。

想一想

使用统一模板编制出来的创业计划书的利与弊各有哪些？

三、创业计划书的优化

千篇一律的创业计划书很难吸引目标读者的关注，要使创业计划书质量好，能体现出项目特色，受到目标读者的青睐，优化必不可少。可以说，好的创业计划书不是"撰写"出来的，而是不断"优化"出来的，因此，创业者要想让创业计划书取得好的传播效果，就必须对其做好优化。根据优化对象的不同，创业计划书的优化可分为内容优化和形式优化两大类。

▶ 微课

创业计划书的优化

◎ 创客咖啡

编制创业计划书的"三忌"

1. 内容优化

创业计划书的内容优化主要是针对创业计划书的篇幅、段落、语句、字词、标点等文字内容部分展开的优化，具体来说包含以下 3 个方面。

（1）篇幅结构优化

内容优化应首先调整创业计划书的整体篇幅，适当调整、归并章节内容，做到详略得当，保持章节平衡。与此同时，创业计划书的内容优化要关注突出重点。创业者在编制创业计划书时应根据目标读者的特点有针对性地组织材料和撰写，从目标读者最关心的问题入手，采用独特的呈现方法和叙述思路，做到详略得当、突出重点。此外，对于创业项目的核心技术等机密部分应加以简化，以防泄密。

（2）语言表述优化

编制创业计划书应采用简明、清晰的表达方式，采用通俗易懂的语言展示市场调查的相关内容和市场容量，确定消费者的需求，解释他们为什么会购买本创业项目的产品（服务），为什么本创业团队最适合实施这一创业项目等。创业计划书相关内容的描述应尽可能做到规范化、科学化，同时需要注意目标读者中有一部分是没有相关专业知识的银行家、投资人等，因此在

编制创业计划的过程中，创业者不应该对技术或工艺进行过于专业化的描述或进行过于复杂的分析，而应力求简单明了、深入浅出，对必须引用的专业术语及特殊概念在附录中给予必要的解释和说明。此外，创业者还要注意创业计划书中所使用资料的时效，制订周期长的创业计划应及时更新有关资料依据。

（3）文字统一性优化

创业计划书的文字表达要顺畅，要求词能达意，谨防出现语病。此外，创业计划书内容多、涉及面广，因此应由创业团队分工完成，但团队负责人应统一协调定稿，保持前后逻辑严谨，以免出现内容零散、不连贯、文风相异等问题。

想一想

如何在创业计划书中体现本创业项目的特色？

_____

_____

2. 形式优化

创业计划书的形式优化主要是针对文字内容以外的部分展开的优化，整体要求为使创业计划书既美观大方又凸显本创业项目的特色。一般而言，创业计划书的形式优化应依次重点做好图表处理、排版设计和封面制作的工作。

（1）图表处理

① 图表美化。编制创业计划书应尽量选用清晰度高的图片，并将全文图片的大小设置为一致，如图 9-2 所示，尽量避免图片模糊、大小不一。在此基础上，创业者可利用各软件自带的"快速样式"来快速美化图片。

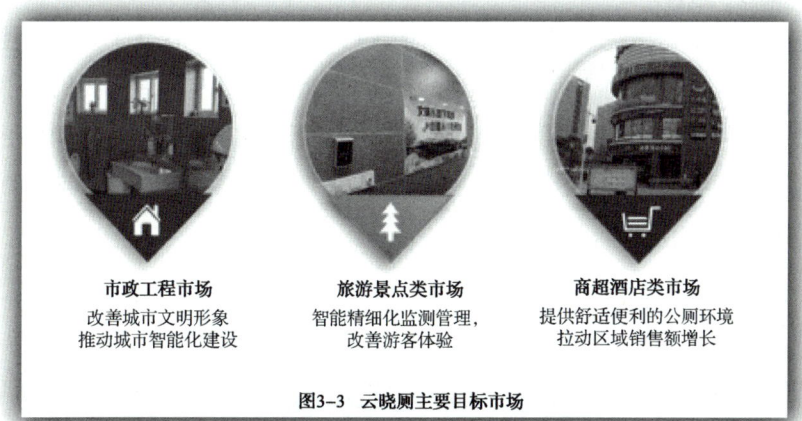

| 市政工程市场 | 旅游景点类市场 | 商超酒店类市场 |
| 改善城市文明形象 推动城市智能化建设 | 智能精细化监测管理，改善游客体验 | 提供舒适便利的公厕环境 拉动区域销售额增长 |

图3-3 云晓厕主要目标市场

图 9-2 某创业项目创业计划书的图片设置

制作表格应尽量保持各行各列分布均匀，表格内字体统一，避免表格过大甚至超出页面。创业者可直接利用各软件自带的"表格样式"或"新建表格样式"来达到美化表格格式的效果。

② 设置编号与标题。图片和表格应按在创业计划书中出现的顺序依次编号、确定标题，并列于图片下方、表格上方。

③ 排版。除有特殊需要外，单一图表一般采用居中排版。图片较多时，创业者可借助 SmartArt 图形或表格快速实现多图、图文排版。

创客咖啡

图文排版的步骤

（2）排版设计

创业计划书要美观大方，应恰当使用不同的字体、字号、文字颜色、段落间距等。为凸显某些重要信息，还可以加粗文字，以及为文字添加下画线、颜色底纹等。

① 字体设置。主体部分统一字体，全篇字体数量尽量控制在 2 ～ 3 种。与正文相比，标题应当字号更大且更粗。尽量使用简洁的字体，如宋体（标宋、书宋、大宋、中宋、仿宋、细仿宋）、黑体（中黑、平黑、细黑、大黑）、楷体（中楷、大楷、特楷）、等线体（中等线、细等线）、圆黑（中圆、细圆、特圆），这些字体是标准的基础字体，虽然普通却很耐看，一般内文都使用这些字体。花体的装饰性太强，具有特殊的美化效果，一般只能在篇幅较小的地方使用，例如标题。

想一想

在创业计划书的正文使用花体有何弊端？

_____

_____

② 确定字号大小。为保持创业计划书在视觉上风格统一，其每个层级的文本元素在不同的版面上应保持相同或统一的视觉风格，因此在排版时，每个层级应使用一种字体和字号，避免不同版面显得杂乱。一般来说，字号逐级变小，字号级数不可太多。

③ 确定间距。为保持文字清晰，字与字之间、行与行之间需要保持合适的间距。为了让读者有良好的阅读感受，应避免字间距过窄。一般来说，字距由字体决定，如楷体对字间距的相关要求较低，而黑体和宋体由于对文字四边的空间利用率较高，字间距需要稍大才能使读者感觉舒适。如果需要集中排版，就要选择更小的字体，从而空出适当的间距。就行距而言，适当地增大行距更能增强文字内容的易读性。一般而言，除追求特殊的效果外，汉字的行距要比字距大，如 10 磅的字体对应的行距应为 12 磅。

创客咖啡

文档排版中气口的设置

为了能让读者在阅读大篇幅文本时有喘气的机会，可在自然段或自然章节的前后，设置比正常的行距要大，与文字篇幅外围的大面积留白相连接，具有与空气对流原理相同的空白视觉通道。篇幅大而复杂的文字内容，尤其是抽象、枯燥的技术型文本块，由于层级关系复杂，更需要针对不同层级设置不同的气口，这样能缓和阅读的紧张感，让文本块看起来有节奏感和趣味性。需要注意的是，气口一般在自然段或自然章节的前后设置，不要强行拆分一个完整的段来设置气口，否则会破坏文本本身的完整性。

④ 对齐。对齐主要是指让创业计划书的段落对齐。为保持文段的完整性，不要让标点出现在行头，如图9-3所示。

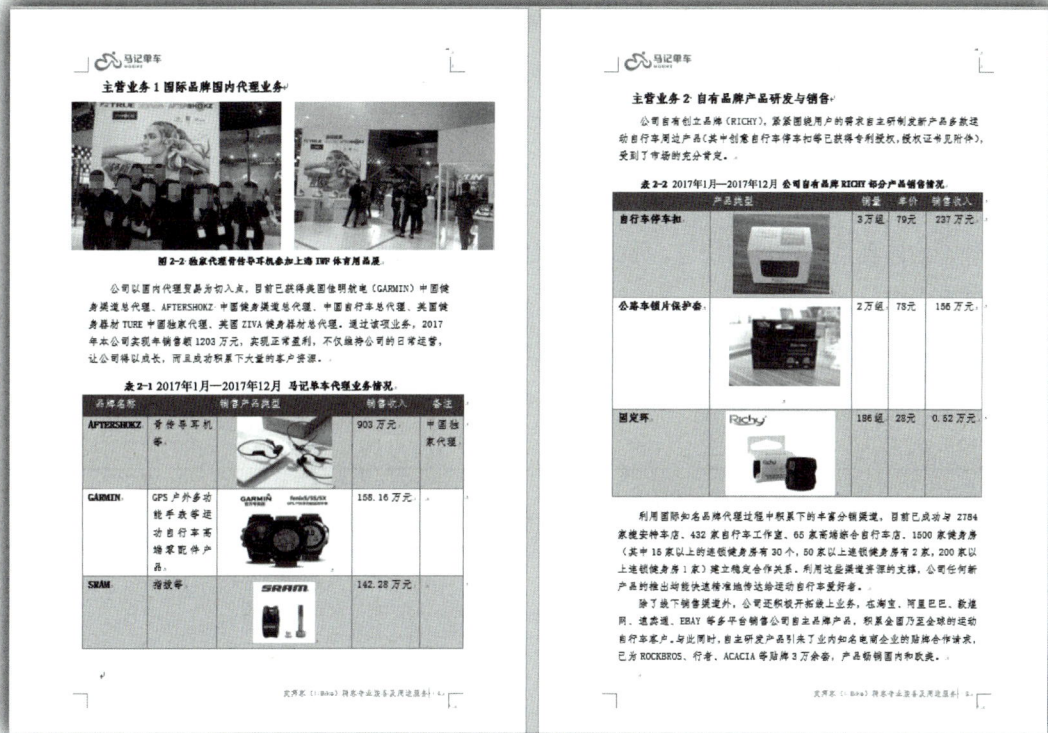

图9-3　某创业项目创业计划书的排版设计

⑤ 增强阅读舒适性。在完成前述排版工作的基础上，创业者可考虑利用首字下沉、添加文本阴影、文字环绕、添加任意形状的文本框、设置气口等，让枯燥的文本块产生一定趣味性，从而增强阅读舒适性。

（3）封面制作

创业计划书的封面应包括文字信息和图片元素两大内容，某创业项目创业计划书的封面如图9-4所示。封面的文字信息部分可以列明创业项目名称、企业名称、创业团队的主要成员、创业计划书编制的日期，此外还可用一句话概括创业项目的主题、特色和愿景。图片元素不仅应美化封面，更应突出创业项目的特色，让人耳目一新，给人留下深刻的印象。

图 9-4　某创业项目创业计划书的封面

此外，为体现创业项目的特色，形式优化还可通过采用特殊开本、调整整体色彩、选用不同图标等来实现。

查一查

什么是开本？创业计划书如何选择采用哪种开本？

_____

_____

自学自测

一、单选题

1. （　　）列在创业计划书的最前面，浓缩了创业计划书的精华。

A. 目录　　　　　B. 团队介绍　　C. 产品介绍　　D. 执行摘要

2. 以下关于创业计划书的描述不正确的是（　　）。

A. 每一份创业计划书都应有独特的个性

B. 要突出创业项目的独特优势及竞争力

C. 创业计划书内容多、涉及面广，因此应由创业团队分工完成

D. 创业计划书越专业越好，内容要尽可能多

3. 以下属于编制创业计划书的第一阶段的工作内容是（　　）。

A. 确定编制目的　　　　　　　B. 确定整体篇幅与总体框架

C. 准备编制素材　　　　　　　D. 撰写正文

4. 在编制创业计划书时，利用首字下沉、添加文本阴影、文字环绕、添加任意形状的文本框、设置气口等以增强阅读舒适性的行为，属于（　　）。

A. 文字优化　　　B. 形式优化　　C. 内容优化　　D. 结构优化

二、多选题

1. 执行摘要一般要包括（　　）。

A. 生产运作计划　　　　　　　B. 主要产品和业务范围

C. 企业介绍　　　　　　　　　D. 销售计划

E. 主要财务指标

2. 以下关于创业计划书优化的描述准确的是（　　）。

A. 对产品（或服务）的介绍要使用通用化语言

B. 要突出重点、注重时效

C. 机密部分加以简化，以防泄密

D. 做到详略得当，保持章节平衡

E. 聘请专业人士编制

3. 为尽可能降低风险发生的可能性，创业者在制订创业计划时应（　　）。

A. 回避风险　　　B. 列出风险因素　　　　C. 制定风险对策

D. 预估风险损失　　E. 放弃创业项目

4. 创业计划书的内容优化包括（　　）。

A. 篇幅结构优化　　　　　B. 语言表述优化　　　　C. 文字统一性优化

D．图表处理　　　　　　E．排版设计

5．创业计划书的形式优化包括（　　）。

A．篇幅结构优化　　　　B．语言表述优化　　　　C．封面制作

D．图表处理　　　　　　E．排版设计

三、判断题

1．创业计划书的执行摘要尽量详细说明问题。　　　　　　　　　　　（　　）

2．在产品（或服务）介绍部分，要对产品（或服务）做出详细的说明，说明要准确，尽可能专业化。　　　　　　　　　　　　　　　　　　　　　　　　　　　　（　　）

3．创业计划书必须对创业团队的主要人员加以阐明，介绍他们的能力、他们在本企业中的职务和责任、他们过去的详细经历及背景。　　　　　　　　　　　　（　　）

4．创业计划书中，市场预测的结果要乐观，但不能过分夸张。　　　　（　　）

5．创业计划书的内容优化主要是针对文字内容以外的部分展开的优化。　（　　）

四、简答题

1．简述创业计划书的作用。

2．简述创业计划书的编制过程。

3．简述产品类创业计划书的框架。

4．简述执行摘要的写作要点。

5．简述创业计划书的内容优化。

课中实训

实训一 创业计划书内容梳理

任务1 创业计划书内容优化

任务描述 整理项目四～项目八中的实训成果，形成创业计划书主体内容，在此基础上进行内容优化，请将研究成果做成展示 PPT，并将要点填入表 9-3。

表 9-3 创业计划书内容优化记录

研究目标		研究成果
篇幅结构优化	优化点 1	
	优化点 2	
	优化点 3	
语言表述优化	优化点 1	
	优化点 2	
	优化点 3	
文字统一性优化	优化点 1	
	优化点 2	
	优化点 3	

任务2 撰写执行摘要

任务描述 根据任务 1 中的创业计划书的主体内容撰写执行摘要，请将研究成果做成展示 PPT，并将要点填入表 9-4。

表 9-4 创业计划书执行摘要

研究目标		研究成果	
企业概况	企业名称		
	企业类型	□有限责任公司 □个人独资企业 □合伙企业	□个体工商户 □其他：
	注册地址		
	经营范围		

续表

研究目标		研究成果				
企业概况	市场定位					
注册资金						
产品（或服务）特征						
商业模式（盈利模式）						
市场机会						
投资与财务	投资额					
	投资收益率（第一年）					
	预期净利润（税后利润）	第一年		第二年		第三年

实训二　创业计划书美化及装订

任务 1　创业计划书形式优化

任务描述　对实训一完成的创业计划书进行形式优化，请将研究成果做成展示 PPT，并将要点填入表 9-5。

表 9-5　创业计划书形式优化记录

研究目标		研究成果
图表处理	优化点 1	
	优化点 2	
	优化点 3	
排版设计	优化点 1	
	优化点 2	
	优化点 3	
封面制作	文字信息	
	图片元素	

任务 2　创业计划书装订

任务描述　根据任务 1 中优化后的创业计划书的内容，编制创业计划书的目录并装订，请将研究成果做成展示 PPT，并将要点记录在表 9-6 中。

表 9-6　创业计划书装订记录

研究目标	研究成果
目录级别	
目录内容	
创业计划书装订	

复盘反思

1．知识盘点：通过对"编制创业计划书"这一项目的学习，你掌握了哪些与创业计划书相关的知识？请画出思维导图。

2．方法反思：在完成本项目学习和实训的过程中，你学会了哪些分析问题和解决问题的方法？

3．行动影响：在完成本项目学习和实训的过程中，你认为自己还有哪些地方需要改进？

📋 任务实施评价

技能点评价表

使用说明 按评价指标评价项目技能点成绩，满分为 100 分。其中，创业计划书文本占 75 分，展示陈述占 25 分。教师评价占 70%，学生互评占 30%。

技能点评价指标			分值	得分
创业计划书文本	执行摘要精练程度、完整性		15	
	正文表述准确程度	创业项目产品介绍的清晰度	5	
		创业团队介绍的完整性	5	
		市场预测描述的清晰度	5	
		营销策略描述的完整性	5	
		经营管理方案描述的完整性	5	
		财务规划描述的完整性、科学性	5	
		风险控制方案描述的清晰度	5	
	篇幅结构的合理性		5	
	文字的统一性		5	
	创业计划书形式的美观性、特色性		15	
展示陈述	演讲专业程度（包括 PPT 等辅助工具应用的熟练度）		5	
	语言技巧和非语言技巧		5	
	团队合作配合程度		10	
	时间分配		5	

素质点评价表

使用说明 按评价指标评价项目素质点成绩，优秀为 5 分，良好为 4 分，一般为 3 分，合格为 2 分，不合格为 1 分。评价分为学生自评与小组成员互评。

评价对象	素质点评价指标	得分	评价对象	素质点评价指标	得分
自评	团队协作能力		成员 2	团队协作能力	
	交流沟通能力			交流沟通能力	
	信息素养和学习能力			信息素养和学习能力	
	独立思考和创新能力			独立思考和创新能力	
成员 1	团队协作能力		成员 3	团队协作能力	
	交流沟通能力			交流沟通能力	
	信息素养和学习能力			信息素养和学习能力	
	独立思考和创新能力			独立思考和创新能力	

注：①团队协作能力，指能与小组成员合作完成项目；②交流沟通能力，指能良好地表达自己的观点，善于倾听他人的观点；③信息素养和学习能力，指善于搜集并借鉴有用的信息、好的思路和想法；④独立思考和创新能力，指能提出新的想法、建议和策略。

课后提升

案例　艾拜客创业项目创业计划书的执行摘要

（1）企业背景

艾拜客是一家专注于高端运动自行车装备、配件的研发与销售和服务的新创企业。企业主营业务包括国际知名品牌整车及配件的国内代理业务、自有品牌产品的研发与销售、运动自行车休闲服务三大类，2017 年全年实现销售额 1597 万元。企业已成功与 2784 家捷安特车店、432 家自行车工作室、65 家高端综合自行车店、1500 家健身房（其中有 15 家门店以上的连锁健身房有 30 家，有 50 家门店以上的连锁健身房有 2 家，有 200 家门店以上的连锁健身房有 1 家）建立了稳定合作关系。目前，企业已直接带动 20 多人就业，间接带动 1000 多人就业，为 100 多人提供实习机会。

（2）企业规划

企业规划未来 3 ～ 5 年内，在做好现有国际品牌代理的基础上继续拓展新的国际高端品牌代理合作，做大做强自有品牌 RICHY，使品牌产品成为国内运动自行车零配件首选；深耕骑行休闲服务，成为关联产品推广、高端骑行旅游活动的首选。

（3）市场分析

国内自行车运动，尤其是群众性的自行车运动迎来了更好的发展机遇。截至 2016 年，中国运动自行车的爱好者仅有 600 万人左右，只占全国总人口的 0.4%，人均自行车整车消费 1500 元，人均零配件消费 1200 元，平均一年换一次车。据此测算，运动自行车的年产值在 162 亿元左右，占自行车总销售额的 6%，而欧美国家的这个比例非常高，运动自行车占整个自行车消费产业的 50% 以上，英国甚至达到了 62%。根据欧美的经验，当中国人均 GDP 处于 5000 ～ 10000 美元时，运动自行车占整个自行车消费产业的比例应该有大幅提高。据测算，2025 年国内自行车运动人口最高可以达到全国总人口的 6%，预计市场规模可达 4200 亿元左右。

（4）行业竞争分析

自行车运动和国内骑行俱乐部的蓬勃发展带动了企业相关业务的发展。自行车行业的分类呈金字塔形，以出行为目的的自行车位于金字塔最底端，而高端运动自行车位于金字塔最顶端。共享单车模式的崛起让自行车金字塔的基数迅速扩大，同时扩大了高端运动自行车的潜在客户。

自行车行业技术含量低，资本要求不高，且目前无太多强有力的在位者，因此会有很多潜在进入者，使竞争白热化。

（5）组织与人事分析

根据业务特点，企业将财务、部分人力资源工作等进行外包。为更有效地开展工作，企业采用了扁平型矩阵组织结构，在分工明确的基础上保持了充分的适应性和灵活性。

（6）财务分析

企业计划总投资约 259.4 万元，其中非流动资金投资 23.1 万元，流动资金投资 236.3 万元。拟筹集股权资金 259.4 万元，其中创业团队出资 159.4 万元，创业团队技术入股 50 万元，拟筹集风险投资资金 50 万元。融资后创业团队占股权 75%，风险投资公司占股权 20%，预留 5% 用于经营团队股权激励。项目静态投资回收期为 12.1 个月，项目 3 年后投资利润率可达 331%，3 年的净现值即可达到 3974.4 万元，从各项财务评价指标来看均可接受。

（7）风险分析

在经营的过程中面临的主要风险包括供应链风险、竞争风险、市场风险、技术风险、资金风险和管理风险。面对这些风险，团队拟从争取多品牌代理和经销权、规范公司管理等方面加以预防。

思考题

1. 阅读案例，思考创业计划书的执行摘要的主要作用有哪些。

2. 此案例中，创业项目的创业计划书给了你什么启发？

10 项目十 路演

项目十
思维导图

背景与任务

经过前期的共同努力，常小信带领团队小伙伴顺利完成了项目的创业计划书。一年一度的创新创业大赛即将举行，导师鼓励他们去勇敢展示自己的项目。大赛的一个重要环节是进行项目路演。如何在有限的时间内讲好项目、讲透项目？常小信一边翻阅着创业计划书，一边在脑海中模拟路演的情景。他想象着自己站在台上，清晰地阐述项目的愿景和目标，展示团队的优势和实力，赢得观众的认可和掌声。同时，他也担心自己可能会紧张失言，或者遇到一些意想不到的问题。就在这时，他的手机响了起来。是导师发来的消息，告知他路演的注意事项和流程，提醒他和他的团队做好充分的准备，多方面兼顾，只要项目路演得到有效表达，就算是成功。为了备战此次项目路演，导师让常小信完成两个任务：①制作路演展示材料；②撰写路演演讲稿，进行路演中的演讲训练。

学习目标

- 知识目标

  1. 了解路演的功能。
  2. 理解路演的准备。
  3. 掌握演讲稿的准备要点。

- 能力目标

  1. 能合理规划路演的准备过程。
  2. 能根据不同的路演目的完成演讲稿的准备。
  3. 能开展路演模拟训练。

- 素质目标

  1. 具有团队合作精神和协作能力，能够协调小组分工。
  2. 树立劳动光荣、诚实守信、爱岗敬业、服务奉献、艰苦奋斗、开拓进取等观念。
  3. 具有探索问题、解决问题的能力，善于运用各种思维思考问题并解决问题。
  4. 具有独立思考和创新能力，能够掌握相关知识点并完成项目任务。

- 价值目标

  1. 关注国家品牌创业路演，树立文化自尊和文化自信，培养爱国主义精神和民族情怀。
  2. 培育较好的文化素养、健康的语言情趣、乐观的生活态度。

课前自学

一、路演的内涵

有项目无资金是创业活动中普遍存在的问题。很多创业者认为自身的项目很好，但是优秀的项目如果没有资金的支持，就很难在众多项目中脱颖而出。推介项目可以有很多形式，而要使投资人在短时间内迅速了解一个项目，路演无疑是最直观、最快捷的方式。路演不仅能节约投资人的宝贵时间，还能给创业者和投资人提供交流的机会。

▶ 微课

路演的概念

1. 路演的定义

路演是在公共场所进行演说、演示产品、推介理念，以及向他人推广自己的企业、团体、产品、想法的一种方式。路演就是项目和产品的宣传与销售，是为了扩大企业的影响面和增强企业的影响力。

☕ 创客咖啡

路演的起源

2. 路演的功能

路演是指通过现场演示，引起目标人群的关注，让他们产生兴趣，最终实现销售的目的。基于这个目的，路演有3种功能：一是融资，许多大的融资项目都始于项目创业路演；二是宣传，让更多的人知道项目、企业或产品，扩大新创企业自身的知名度并增强其影响力；三是销售，通过为目标人群提供试用机会，提高创业产品的销量。

想一想

路演与演讲一样吗？二者的区别和联系是什么？

_____

_____

路演的关键是通过讲企业故事传播企业实力和文化，从而赢得投资人的好感。冗长的道理只会给人一种压迫感，而讲故事则是在创造一种情境感，让观众马上坠入讲述者的语境中，从而很快地与之共情。可以说，路演时说出一个"跌宕起伏的创业故事"不光可以传播企业实力还可以赢得投资人的好感，远比铺天盖地的广告传单效果好。

☆ 创客咖啡 ————————————————————————

"尔滨"的故事

2023年年底，大雪落下，江河封冻。这个冬天，哈尔滨像往常一样，按时变成了冰的王国、雪的世界。和以往不一样的是，这个我国最冷的地方以最热的方式"出圈"，用最温暖的行动接住了全国人民送来的"泼天的富贵"。童话般的快乐从全国各地向哈尔滨迅速聚拢，又从哈尔滨向全国各地持续扩散，引发全国各地此起彼伏的文旅喊话和旅游热潮。其幕后是各级文旅、宣传部门为冰雪旅游推广提供助力，通过讲好"冷"冰雪背后的"暖"故事，开启了新一季冰雪季特别策划。"约会哈尔滨，冰雪暖世界""你好，请叫我尔滨""南方小土豆是小金豆""讨好型城市人格"……一个个网络"热梗"不断演绎着城市文化故事，城市火热"出圈"，东北迎来全面振兴的春天。

3. 路演的类型

对不同的企业而言，路演的目的各有不同，有的是招商，有的是推介自己的产品，有的是上市，有的是融资，还有的很可能只是做公益。搞清楚路演的目的，然后有针对性地选择恰当的路演类型并策划，才可能让路演成为企业成功的助推器。

（1）招商路演

招商路演就是发布产品经营信息，寻找合适的代理人。一般来说，想做好招商路演，需要做一些准备工作，以增强对客户的吸引力。首先，造声势。为路演造声势可以提高企业的知名度，增强对客户的吸引力。造声势的方法很多，最常见的方法有发传单、铺货、陈列。其次，找目标。招商路演的目的性很强，即引起目标消费者的关注，获得目标消费者的认可。

（2）产品推介路演

产品推介路演一般是指在城市比较繁华的地段，如超市、商场等人员密集的地方，利用一些比较博人眼球的节目吸引人们的注意力，在表演的过程中不断加入对产品的介绍，达到大范围宣传推广产品的目的。对新创企业而言，在没有雄厚资金投资广告的情况下，精心策划一场产品推介路演，既能起到一定的宣传推广作用，又能减少企业的资金压力，是产品宣传的不二之选。

（3）上市路演

很多企业在发展到一定阶段后，就会计划上市。而在上市之前，不少企业会公开发行股票，这个时候就需要路演来为公开发行股票宣传造势。

（4）融资路演

融资路演很好理解，就是创业者为了获得创业启动资金或后续的发展资金，向潜在的投资人进行演说，进而达到获取资本的目的。新创企业层出不穷，资本市场也异常活跃：资本在寻找好项目，项目也渴望得到资本的扶持，这两股力量的交织就促成了融资路演。

想一想

不同类型的路演应该分别重点展示哪些内容？

_____

_____

▶ 微课

路演的准备

二、路演的准备

在明确了路演类型后，路演者接下来要做的就是准备路演，将文字、图片、动态素材、统计数据等信息按照一定的顺序组织在一起，通过在路演中展示以传达某种意义。

1. 路演的结构

路演应着重展示项目自身的价值，路演者可以自设新颖的话题，提出独特的主张。路演必须遵循观众的心理接受规律来讲述项目的价值。对于路演的观众来说，他们主要关注项目是否具备市场优势、能否解决市场痛点，由此判断项目的发展前景。这表明路演是具有其特定的结构的。

一般而言，路演的结构分为 4 个部分，如图 10-1 所示。第一，路演者应阐述清楚"为什么要做该项目"，即阐明市场痛点是什么。能引起投资人关注的项目必须能够解决一个市场痛点，而这个痛点是在市场中普遍存在且亟须解决的。第二，路演者应展示"解决方案"，说明行业现有的解决方案并判断市场存量，展现自身解决方案的特色，分析竞争对手的实际状况，对比自己与竞争对手的解决方案。第三，路演者应阐述"项目商业模式"，即项目的运营方式、盈利模式、团队构成和执行计划。第四，路演者应阐明"未来规划与路演需求"。

图 10-1　路演的结构

2. 路演的策划

路演与演员演出一样，需要路演者在参加演出之前进行多次演练与彩排。为了保证路演的效果，路演者需要做多方面的准备工作，才能让路演活动变得有章可循，让观众在观摩的同时能够更深入地领略项目的美好愿景与思想精髓，进而达到一种与路演者产生精神共鸣的目的。

（1）场地

在选择路演的场地时，有些路演者经常会进入这样的误区——希望选择人多的地方。其实，这种认知并不完全正确。应该说，目标群体比较集中的地方才是路演者的最佳选择。对销售路演而言，路演在某种程度上就是销售渠道的延伸。通过拓宽销售渠道，企业提升销售业绩，这才是销售路演的最终目的。

一般而言，场地的选择需要考虑以下 3 个因素。

① 位置。产品、目标用户、渠道覆盖范围不同，路演所选择的场地也不同，如以儿童为目标用户的产品，选择社区、商场、超市、广场、公园等场地就比较合适。假如需要考虑路演费用及渠道延展等，则与大型的社区、商圈或广场中心合作，这样更有利于路演的展开。

② 人气。确定场地以后，路演者要到现场进行场地核实。核实最重要的一项标准就是人

气。考察人气的方法可以是摸排，也就是在早、中、晚 3 个时间段，计算特定的人流量与目标用户的分布情况，以此来判断所选场地的人气及目标用户的集中程度。

③ 布局。利用位置、人气等因素筛选出比较优质的场地之后，路演者还需要联合活动方进行实地测量，同时为活动绘制现场方案图，依据场地位置、场地大小及目标用户的流向与场地人气等情况，对主舞台进行布置，并进行产品展示，以最大化地吸引目标用户持续关注。

（2）道具

在路演过程中，道具是必不可少的辅助工具。要让路演现场更加火爆，达到路演目的，在正常情况下，路演者在开始路演之前需要准备以下 4 类道具。

① 舞台。常见的路演舞台多由板材（规格一般为 3 米 ×6 米）拼合而成（舞台尺寸最小为 12 米 ×24 米），板底需进行加固与支撑。按照路演舞台要求的不同，可以用 6 块或 8 块组合成型，以铁架来支撑，铁架的高度一般以 0.5 米为宜。

② 背景架。背景架是舞台的基本装饰，需要根据舞台的宽度进行设计，高度一般在 4 米左右。现在很多背景架选择用电子屏幕，路演者应根据电子屏幕的大小提前准备屏幕背景图片或视频。常见的路演现场布置如图 10-2 所示。

图 10-2 常见的路演现场布置

③ 音响设备。在路演过程中，大功率的音箱、功放机、影碟机、碟片及无线话筒，都是必备装备。一方面，它们能够让路演者的讲话更清楚地传进每个人的耳朵；另一方面，当路演者需要借助影像展示的时候，也更加方便。

④ 红地毯。在路演过程中，红地毯几乎是标配。红色是喜庆的颜色，符合我国消费者的基本审美。红地毯一方面能够增强活动的喜庆氛围，另一方面也能使路演显得更正式。

想一想

路演还可以选用哪些道具？

_____

_____

三、路演展示材料的制作

路演的关键价值在于展示项目。通过运用路演 PPT、路演视频等多种路演展示材料，路演者可以把项目内容清晰而生动地呈现在观众面前。

▶ 微课

路演 PPT 的准备

1. 路演 PPT 的制作

路演 PPT 展示的内容是路演主题的提炼，也是路演逻辑的线索，能起到提供文字说明和内容提醒的作用。

（1）路演 PPT 的结构设计

路演 PPT 是路演的一个重要元素。事实上，支撑路演开展的重要材料就是路演 PPT，一套完善的路演 PPT 能给客户带来无与伦比的现场体验，为实现使客户"从接受到投资"奠定基础。

路演 PPT 可以按照下面 7 点建议来设计结构。

① 一句话定位项目。开门见山地说清楚要做什么，可以高瞻远瞩，也可以"哗众取宠"，还可以朴素动人，但是千万要能引人入胜。

② 市场分析。用数据说话，梳理一个逻辑，通过一个个小结论，最终证明一个大结论，也就是项目所想要说明的市场动向。

③ 优势和亮点。独立提出或有关联地单独提出优势和亮点，与市场分析相呼应，配合详细的演说，充分展示所有内容。

④ 团队构成及主要经历。可将团队结构图像化并配以高清照片及 3 个以下的重点经历，并单独列出团队经历。

⑤ 战略结构及发展。阐述当下的战略结构和未来的预发展战略结构，并按照时间节点，介绍发展计划及说明业务规模发展计划、业务能力发展计划等。

⑥ 财务预估和融资信息。将财务结构图像化，包括股权比例图、投资回报周期图、资金分配图等。

⑦ 结束页面。公布联系方式，包括手机号、二维码、公司的地址和网址等；也可以加上结语，突出企业的 Logo 等。

（2）路演 PPT 的内容设计

在大多数情况下，人们对于图的记忆总是优于对文字的记忆。如果整个路演 PPT 中全是大段的文字，没有配图或留白，则很难吸引观众的注意力。这是因为人们大脑中原有的信息已堆积如山，如果大脑对新信息没有兴趣就很难再接收这些信息。与文字相比，图形更形象生动，更容易让大脑理解，即所谓的"一图胜千文"。

路演者在路演时也可以遵循这种逻辑，利用路演 PPT 上的图像、照片、剪贴画、图表、图形、视频影像等视觉刺激来传达信息，可以更好地活跃现场的气氛、吸引观众的眼球。所以，路演者在设计路演 PPT 的内容时，用有逻辑的图形或表格、形象生动的画面、动态的视频影像来表达想传递的信息，这将会更好地被观众接受。

当需要呈现的信息特别多时，路演者可根据信息内在的逻辑将其设计为表格形式。譬如，在说明盈利模式时，有些路演者不是用大段的文字来陈述，而是用简洁的概念模型图来表示，这让观众很容易理解项目盈利的逻辑关系。而当要与竞争对手比较时，路演者多会利用表格的形式，分门别类地把自己的产品与竞争对手的产品进行比对，以反映出自己产品的特色和优势。

当要呈现信息量特别大的文本材料时，路演者应该减少观众的阅读量，主要方法有两种：一是将文字浓缩，以主题来呈现；二是利用动态效果来呈现信息，即充分利用路演PPT本身可以动态播放的特征，让文本信息一条一条地分层或逐次呈现，从而使观众在观看路演时能一次性地捕获更精确的信息，并保持注意力集中。

（3）路演PPT设计原则

需要强调的是，设计路演PPT应该遵循以下3个原则。

① 统一性原则。一是画面风格统一。首先，颜色搭配统一，路演PPT所用颜色一般不超过3种，图片的选择和字体颜色的变化也要符合整体色调；其次，图片和图标一般采用相同风格。二是文字形式统一。文字最好采用3种以下的字体，如区分标题字体、副标题字体及正文字体，同时注意分别处理英文和中文的字体。三是排版方式统一。相同性质的PPT页面，如不同结论的数据分析页面，应采用同一种排版方式。遵循统一性原则设计的路演PPT如图10-3所示。

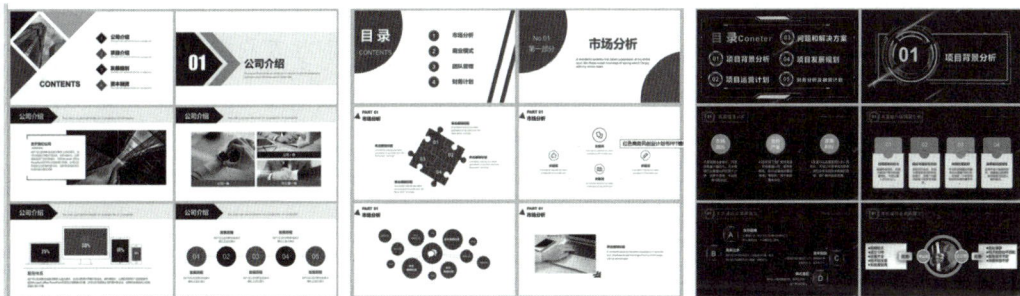

图 10-3　遵循统一性原则设计的路演 PPT

② 主题性原则。一是用颜色凸显主题，越严肃的主题，用色应越简单。二是用图片表达主题。首先，高清的图片是认真和追求细致的体现；其次，不同的图片能表达不同的主题。三是用字体表达主题。字体能反映主题，草书一般反映个性化的主题，微软雅黑一般反映商务的主题。

③ 简洁性原则。在演示路演PPT时，多余、无关紧要的信息越少越好。有些路演者习惯在一张PPT中放置太多的内容，对路演者而言，把展示的全部内容放入幻灯片可以使讲演非常方便，但是却忽视了观众的感受，这种做法是不可取的。因此，路演PPT应尽量呈现简洁的信息。

2. 路演视频的制作

视频是最直观的展示工具，路演视频往往能够在调动观众感官的同时带来意想不到的路演效果。通过路演视频，观众能够更好地了解项目状况。在销售路演时，路演者借助视频对企业的产品或服务进行展示，能够让观众对企业的产品或服务有更清楚的认识；在商业路演时，路演者借助视频展现企业的雄厚实力及产品优势，能够更好地吸引观众。

制作路演视频的方式多种多样，但一般都围绕3个步骤展开。一是前期策划。前期策划

大学生创新创业基础与实践（慕课版 第2版）

相当于策划文案。在进行策划前，路演者需要搜集企业的资料、行业的资料，这样策划出来的文案才会更严谨。二是中期拍摄。在中期拍摄这一步，路演者要确定拍摄重点，这样才不会让拍摄出来的画面毫无意义、毫无重点，也不会让一些不重要的镜头喧宾夺主。三是后期制作。在这一步，路演者要将拍摄出来的镜头整合在一起，配上文字、画外音等形成一个完整的视频。

需要强调的是，路演视频几乎就是有"干货"的、格调很高的、会动的PPT，因此必须突出专业性，路演者可聘请专业的媒体公司设计制作。

想一想

令你印象深刻的路演视频有哪些特点？

_____

_____

四、路演的讲解

▶ 微课

路演演讲稿
的准备

很多人认为既然已经有路演PPT就不用准备演讲稿了，其实，这是错误的认识。不管实际情况如何，即兴演讲的成功率都是比较低的，那些看起来即兴的或非正式的演讲往往都需要进行长时间的准备和练习。为提高路演效率，路演者在讲解方面应做精心的准备。

1. 演讲稿的准备

演讲稿作为路演者讲解的依据，能够帮助路演者确定路演目的和主题，梳理讲解思路，提示讲解内容，并能帮助路演者把握讲解节奏。一份好的演讲稿能突出创业项目重点，助力路演者充分展现创业项目的优势。因此，路演者在路演前应精心准备好演讲稿。

（1）结构清楚，逻辑清晰

路演的观众规模一般都不小，再加上演讲环境的不确定性，路演者最好在进入主题后马上给出所讲内容的框架结构，让投资人能够跟随演讲的思路，更好地预判演讲内容，以取得良好的演讲效果。

演讲稿在结构方面的逻辑顺序有许多种，包括话题顺序、时间顺序等，除此之外，还有空间顺序、"提出问题—分析问题—解决问题"的顺序等。路演者可以根据自己的演讲内容来安排演讲稿的逻辑顺序和整体结构。演讲稿的结构设计应该紧密，使内容一步一步地向前推进，让观众跟着演讲的思路走。

（2）内容出彩，触动观众

演讲稿往往需要路演者花大量的时间去设计。在设计时，路演者要结合投资人的特点、演讲场合和演讲主题等因素，争取在一开始就紧抓投资人的注意力和兴趣。演讲的目的是吸引观众，路演者可以采用"将话题与观众关联"的方式，这是一种比较有效的实现演讲目的的方式，因为人们一般对自己的事情都很关注，也会格外留意和自己相关的事情。

此外，路演者还要注意在更高的情感层面触动观众，即在理性层面之外，在感性层面与观众产生一定的情感共鸣，从而更容易地打动观众。现在，仅仅通过提供数据的方式是难以吸引观众的，而讲述充满人情味的故事、与观众息息相关的重要新闻事件往往能吸引观众的注意力。

🔍 初心茶坊

在一起，才是中国汽车

2023年，中国汽车界有一件大事——比亚迪第500万辆新能源汽车正式下线，成为全球首家达成这一里程碑的车企。

"我们在一起，才是中国汽车。"在比亚迪发布会上，王传福哽咽落泪，他在演讲中提到上汽、奇瑞、长安、长城、吉利等友商，"在这里，也请大家为所有的中国品牌致以最热烈的掌声。"在发布会上，比亚迪几乎把所有自主品牌都致敬了一遍，它没有只摆出自己的展车，它还摆上了友商的热门车型，如红旗E-HS9、东风岚图追光、长城哈弗枭龙MAX、蔚来ES8、小鹏G6、理想L9等。

理想汽车创始人李想很快转发了比亚迪汽车的视频，他向比亚迪致敬：大好时代，一路同行！

全球有超过60%的新能源汽车在中国生产和销售，在核心技术和产业链上，中国新能源汽车专利公开量占全球的70%，全球有超过63%的动力电池由中国供应。2022年，中国汽车出口340万辆，首次超越德国，成为世界第二大汽车出口国。2023年，中国汽车出口214万辆，首次超越日本，成为全球第一大汽车出口国。但是，"中国还差一个世界级品牌"，王传福说世界汽车工业正值百年未有之大变局，他呼吁友商能够齐心协力，"以中国汽车这个名字，打破旧的格局，走向更辽阔的天地，成就世界级的品牌，为全球汽车工业的变革注入中国汽车的全新力量。"毕竟，在一起，才是中国汽车！

比亚迪通过路演，不仅明确表达了自身的行业地位和对友商的尊重，还展现了其大局观和包容性。这种富有情感和故事性的表达方式更能引起观众的共鸣和关注，从而达到了"刷屏"的效果。

（3）要点明确，支撑有效

毫无疑问，在演讲稿中，主体段的信息量是最大的，因此写作量也最大。如何清晰地阐释演讲要点，如何用相关事实有效地支撑各个论点和要点，是路演者撰写演讲稿主体段时要把握的关键。观众亲眼看到的产品要比路演者口头描述的产品生动得多，因此展示产品的实物、照片、视频等能够强化项目要传递的思想，让路演更加真实可信，更具说服力。

在准备演讲稿时，路演者还不能忽视产品的现场演示。产品的现场演示不仅仅是把产品拿出来让观众看看而已，如果能当场操作，会让观众更真切地了解到产品究竟是什么样子。这一环节还能帮助路演者不断刺激观众大脑的活跃度，让观众时刻保持兴奋，从而取得良好的路演效果。

（4）善用修辞，造势点睛

演讲往往需要用一些起伏的情绪和内容起到"画龙点睛"的作用。如果通篇语言平淡，演讲的精彩程度也会大打折扣。文字内容固然重要，但表达方式可以使演讲获得不一样的效果。因此，演讲稿中要融入一定的修辞手法。

比喻是人类最古老的修辞手法之一，它使语言更具黏性。比喻可以创造一种独特的感觉，并且可以简化复杂的思维。而设问是为了引起观众的注意，故意先提出问题，然后自己回答的一种修辞手法，它的作用是提醒观众思考，或重点突出某些内容。排比和引用也是常见的修辞手法，也被普遍应用到演讲稿中。

想一想

还有哪些修辞手法经常被应用到演讲稿中？

_____

_____

2. 路演演讲的语言技巧

路演演讲应以宣传、鼓动为目的，面对广大观众，以口头语言为主要形式，以非口头语言为辅助形式，为自己的企业或产品发表一系列的意见，或系统、鲜明地阐明自己的观点和主张。但这些只是路演演讲要做到的最基本的部分，而如何在现场形成强大的感染力，让投资人愿意为项目投资，才是路演者最需要考虑的问题。那么怎样才能形成强大的感染力呢？路演者可从以下4个方面入手，掌握相关的语言技巧。

（1）人称选择

使用第一人称会让演讲更加有亲切感。使用简单、生动的主动语态而不是复杂、乏味的被动结构，能让路演者直接与观众对话，拉近双方的距离，促使双方相互交流。路演者在做路演演讲时，应用第一人称，在介绍创业团队时，如果时间允许，可介绍自己的一些亲身经历，这样路演就不会显得冰冷生硬，而是充满温度和感情。

（2）用词及语气选择

在路演中，如果路演者使用一些比较专业的词汇，就能有效地提升个人的专业度。当然，使用专业词汇的前提是观众能够理解路演者说的是什么。因此路演者需要注意选取有利于口语表达，能充分体现通俗、流畅风格的词语；要适应口语表达"口传""耳收"的特点，不要出现太多生僻、专业的词语。同时，路演者要注意运用适合口语表达的语气。采用亲切的语气、与观众谈心的方式来演讲，话语就会自然、真切，就容易缩短与观众的距离，取得深入人心的效果。

（3）语音语调

路演者必须认真训练语音语调，努力使自己的声音达到最佳状态。在路演时，路演者可以身体前倾、腹腔放松，保持气流顺畅，让声音通过胸腔共鸣发出，以达到声若洪钟的效果，同时不应出现吞音的现象。路演者还应准确把握音量，有效地控制节奏，根据现场情况及时调整语速，尤其是在演讲的后半部分，应通过激越高亢的语调将演讲推至高潮。

（4）兴奋语言

在演讲内容中设置兴奋语言，能满足投资人的心理需要。演讲中能够引起投资人的兴趣和热切关注的事例、名言、佳句和精辟独到的见解，都属于兴奋语言的范畴。在演讲时，路演者可按照演讲内容的需要，有计划、有目的地选出一些兴奋语言，将其巧妙地穿插于演讲过程中，利用它拉近和投资人的心理距离，满足投资人的心理需要。但是，兴奋语言的设置要做到顺理成章、水到渠成，千万不能不顾对象、故弄玄虚、刻意为之。

3. 路演演讲的非语言技巧

（1）面部表情

路演者在演讲时，表情要自然，应面带微笑，直视观众，与他们进行眼神上的交流。微笑与眼神往往能够透露出路演者的精神状态。如果路演者是紧张的，微笑就会变得不自然，同时眼神还会变得游离、闪躲。这样的神态显然就是不自信的表现。

（2）站姿与走姿

路演者的站姿要尽可能的挺拔、舒展，这样才能够展现自信的感觉，同时也能避免产生一些摇晃、转动或抖动的小动作。路演者的站姿的规范要求是头正，两眼平视前方，嘴微闭，收下巴，表情自然；两肩放松稍向后沉，两臂自然下垂；两脚可前后站立，或采用稍息的姿势，在保持稳定时兼具灵活。

恰当的走姿是一种动态美。如果路演者要走动，要保持双肩打开，注意收腹，挺胸抬头。行走时，路演者要尽可能地放慢移动的速度，避免手舞足蹈，保持稳健、自如和轻盈，同时还要注意保持与观众有眼神上的交流，不要左顾右盼。

（3）手势

手势在演讲中是最有力的肢体语言之一。手势的使用范围尽量不要超出自己身体的范围，也就是说，尽量保持在胸前或头部区域，如图10-4所示。在这个区域做手势，往往能够很好地凸显出路演者的力量。要注意避免单调地重复同一手势，切勿在演讲时玩弄话筒、白板笔之类的道具。

图 10-4 手势的使用范围

（4）外在形象

路演者的外在形象会直接影响投资人对项目的第一印象。路演者的个人形象细节对路演的结果有着非常重要的影响。所以，路演者需要从多个方面改善个人形象。优秀的演说家基本都很注重个人形象，他们在每个重要的演说场合都会穿戴整齐，将精神状态调整到最好，从而从容应对每一场演讲，并出色发挥。

大学生创新创业基础与实践（慕课版 第2版）

自学自测

一、单选题

1. 一般在城市比较繁华的地段，利用一些比较博人眼球的节目吸引人们注意力的路演是（　　）。

A. 招商路演 　　　　　　　B. 上市路演

C. 融资路演 　　　　　　　D. 产品推介路演

2. 以下关于路演PPT展示的内容的说法有误的是（　　）。

A. 是路演主题的提炼 　　　B. 是路演逻辑的线索

C. 能起内容提醒的作用 　　D. 用于团队礼仪的展示

3. 在演讲内容中，不属于兴奋语言的是（　　）。

A. 名言、佳句 　　　　　　B. 精辟独到的见解

C. 当地方言 　　　　　　　D. 冷笑话

4. 路演者在演讲时，表情要自然，要直视并与之进行眼神上的交流的是（　　）。

A. 前方 　　　　　　　　　B. PPT

C. 产品 　　　　　　　　　D. 观众

5. 手势在演讲中是最有力的肢体语言之一，手势的使用范围尽量不要超出自己身体的范围，也就是说，尽量保持在（　　）。

A. 腹部区域 　　　　　　　B. 胸前或头部区域

C. 双手下垂区域 　　　　　D. 面部区域

二、多选题

1. 路演是在公共场所进行演说，以及（　　）。

A. 演示产品 　　　B. 推介理念 　　　C. 推广自己的企业

D. 推广自己的产品 　E. 推广自己的想法

2. 路演是指通过现场演示，引起目标人群的关注，让他们产生兴趣，最终实现销售的目的。因此，路演的功能包括（　　）。

A. 融资 　　　　　B. 销售 　　　　　C. 宣传

D. 分销 　　　　　E. 推广

3. 一般而言，场地的选择需要考虑的因素有（　　）。

A. 位置 　　　　　B. 舞台 　　　　　C. 人气

D. 主持人 　　　　E. 布局

4．路演 PPT 的设计原则包括（　　）。

A．统一性原则　　　　　B．排版性原则　　　　C．简洁性原则

D．美观性原则　　　　　E．主题性原则

三、判断题

1．路演中要对项目内容进行高度凝练的总结，尽量用一句话概括项目产品。（　　）

2．路演与演员演出一样，需要路演者在参加演出之前进行多次演练与彩排。（　　）

3．路演 PPT 是路演的一个重要元素。　　　　　　　　　　　　　　　（　　）

4．路演者必须认真训练语音语调，努力使自己的声音达到最佳状态。　（　　）

5．路演者的个人形象细节对路演的结果有着非常重要的影响，所以路演者一定要穿名牌服饰。　　　　　　　　　　　　　　　　　　　　　　　　　　　　　（　　）

四、简答题

1．路演表现不好对好的项目有影响吗？为什么？

2．简述路演的类型。

3．路演演讲的技巧有哪些？

4．路演者如何在最短的时间内让投资人对其项目产生兴趣？

课中实训

实训一　路演策划准备

任务 1　准备路演计划书

任务描述　学生小组整理、完善前期选定的创业项目中需要路演展示的部分，思考需要为路演做的准备工作，并将相关要点填入表 10-1。

表 10-1　路演计划书

准备要点	计划内容
场地和舞台	
路演主题和目的	
前期准备工作	
团队成员分工和职责	

任务 2　路演 PPT 的结构和内容设计

任务描述　学生小组根据表 10-1 细化出需要在路演 PPT 中展示的相关要点，并据此完善表 10-2。

表 10-2　路演 PPT 的结构和内容设计

结构设计		内容设计
项目定位		
目标市场	切入行业	
	行业现状	
	企业空间	
用户	目标用户	
	用户痛点	
产品	业务逻辑	
	价值主张	
	产品形态	
核心竞争力	市场门槛	
	资源	
	技术	
核心团队		

任务 3 路演 PPT 的优化

任务描述 学生小组对任务 2 制作的路演 PPT 进行优化，并将优化成果填入表 10-3。

表 10-3 路演 PPT 优化摘要

优化目标		优化成果
文字优化	便于理解	
	有吸引力	
	容易记忆	
图片优化	提高清晰度	
	提高准确度	
	提高美观度	
结构优化	标明页码	
	标明章节	
	整体协调	

实训二 路演展示

任务 1 路演演讲稿的撰写与优化

任务描述 学生小组针对实训一优化完成的路演 PPT 撰写演讲稿并仔细修改演讲稿，再根据表 10-4 的要求进行优化，并将要点填入表 10-4。

表 10-4 路演演讲稿的撰写与优化

研究目标		研究成果
路演演讲稿		
演讲稿优化记录	结构逻辑	
	内容情感	
	观点支持	
	修辞造势	

任务 2　路演现场展示

任务描述　学生小组根据任务 1 撰写的路演演讲稿，进行路演中的演讲训练。请将路演现场训练情况和演讲稿内容进行比较，并有效地记录训练情况，据此完善表 10-5。

表 10-5　路演现场训练记录

训练目标		训练成果
人称选择	演讲稿	
	演讲训练	
用词及语气选择	演讲稿	
	演讲训练	
语音语调	演讲稿	
	演讲训练	
兴奋语言	演讲稿	
	演讲训练	

任务 3　路演展示优化

任务描述　学生小组根据任务 2 完成的演讲训练情况，配合相关肢体语言进行优化训练。请将肢体语言中需要优化的方面记录下来，填入表 10-6。

表 10-6　路演展示优化

优化目标		优化内容
面部表情	优化点 1	
	优化点 2	
	优化点 3	
站姿与走姿	优化点 1	
	优化点 2	
	优化点 3	
手势	优化点 1	
	优化点 2	
	优化点 3	
外在形象	优化点 1	
	优化点 2	
	优化点 3	

复盘反思

1. 知识盘点：通过对"路演"这一项目的学习，你掌握了哪些与路演相关的知识？请画出思维导图。

2. 方法反思：在完成本项目学习和实训的过程中，你学会了哪些分析问题和解决问题的方法？

3. 行动影响：在完成本项目学习和实训的过程中，你认为自己还有哪些地方需要改进？

📋 任务实施评价

技能点评价表

使用说明 按评价指标评价项目技能点成绩，满分为 100 分。其中，路演准备占 60 分，路演演讲占 40 分。教师评价占 70%，学生互评占 30%。

技能点评价指标			分值	得分
路演准备	PPT 及相关支撑资料完整		10	
	路演 PPT 的结构和内容	产品概念	5	
		行业市场	5	
		用户痛点	5	
		产品与服务	5	
		核心竞争力	5	
		核心团队	5	
	篇幅结构的合理性		5	
	风格的统一性		5	
	配套策划书的准备情况		10	
路演演讲	演讲稿的呈现情况		10	
	语言技巧和非语言技巧		10	
	演讲现场的感染力		10	
	时间分配的合理性		10	

素质点评价表

使用说明 按评价指标评价项目素质点成绩，优秀为 5 分，良好为 4 分，一般为 3 分，合格为 2 分，不合格为 1 分。评价分为学生自评与小组成员互评。

评价对象	素质点评价指标	得分	评价对象	素质点评价指标	得分
自评	团队协作能力		成员 2	团队协作能力	
	交流沟通能力			交流沟通能力	
	信息素养和学习能力			信息素养和学习能力	
	独立思考和创新能力			独立思考和创新能力	
成员 1	团队协作能力		成员 3	团队协作能力	
	交流沟通能力			交流沟通能力	
	信息素养和学习能力			信息素养和学习能力	
	独立思考和创新能力			独立思考和创新能力	

注：①团队协作能力，指能与小组成员合作完成项目；②交流沟通能力，指能良好地表达自己的观点，善于倾听他人的观点；③信息素养和学习能力，指善于搜集并借鉴有用的信息、好的思路和想法；④独立思考和创新能力，指能提出新的想法、建议和策略。

课后提升

第七届"互联网+"大赛国赛金奖项目

——《夏小满：文博历史新表达的创新者》路演演讲稿

各位评委老师好，我是夏小满的×××。夏小满是致力于面向4～12岁的儿童打造原创博物馆文创的品牌IP，希望通过活化文博历史来传承中华文明，树立文化自信，成为国内儿童文博文创细分领域的第一品牌。

截至目前，我们的产品图书荣获了"2019年度桂冠童书"等28项业内大奖，与24家知名博物馆达成了深入的合作。我们的图书输出全球约84个国家、65000家图书馆，获得了广泛国际认可。

传承中华优秀传统文化，树立我们的文化自信，但文化自信如何从娃娃抓起，这始终是一个难题。我们找到了一个非常好的载体——国宝。对于儿童来讲，一件件凝聚着鲜明智慧的国宝，就是最生动的中华传统文化的讲述者。但传统的博物馆展现形式，根本无力与小猪佩奇这类IP抗衡。博物馆也面临着窘境，他们做的东西不好看、没意思，文创市场也发展不平衡，存在严重的两极分化现象。偌大的文创市场，儿童文博领域竟然几乎空白，所以我们想要成为这个领域、这个困境的打破者，用我们温暖而坚定的力量来传承文明，树立文化自信。我们用图书发声，以文创实现多感官的联动，数字化视频更是深入孩子们的生活。

我们的明星产品是漫画国宝系列童书12册。目前已出版3个套系，加印5次，码洋突破6000万元，荣登多个图书榜榜首，还获得了图书馆馆长等权威专家的高度认可。可以说我们的产品图书在儿童文博这个细分领域已经做到了头部。

我们和敦煌文创的合作是最早也最为密切的。两年时间来，我们的产品不断更新迭代。目前已为敦煌文创设计了142件产品，得到了敦煌市委书记的高度认可，他在直播间中也为我们助力代言。两年时间，我们潜心创作，拥有6款原创字体，2000多个插画形象，还拥有两项计算机软著辅助漫画上色。这些都大大提高了我们的工作效率。

我们也拥有一套较为成熟的商业模式，一方面是和博物馆合作开发文创，从中获取设计费和销售分成。另一方面是通过出版社实现图书8%的版税变现。最终我们的产品会投放至博物馆展厅、线上旗舰店、地面书店及线上平台等。

目前，我们通过博物馆的销售、出版社的发行、读者见面会、进校公益讲座等形式，到访了18个省份，162所学校，影响了全球84个国家的小朋友们，是65000所图书馆的馆配图书，影响了上万个家庭和孩子。当听到小朋友们说："妈妈，妈妈，我想和小满到博物馆去看看。"我们知道我们一定会在这条道路上一往无前地走下去。

也很幸运能够在这条道路上碰到了一群有爱的人，特别是我们公司的创始人夏××。她从小深受家庭教育的熏陶，热爱传统文化，她的作品《24节气地板拼图认知大书》曾受邀参展全球规模较大且具有较高影响力的博洛尼亚世界童书展。我们的团队还融入了精通设计、历史、儿童、心理等多方面的复合型人才。除此之外，还有12位各领域专家加入我们文化传承的行列，保障了内容的权威性和专业度。

目前，公司累计营收已达到1952万元，主要收入来源是文创收入、版税，还有视频收入。目前夏××占有我们公司60%的股份，未来我们计划同比稀释10%的股份，融资800万元。公司目前有员工17人，团队协办技能大赛实践反哺教育，也助力人才培育。

未来3年，我们将立足于跟已有博物馆的合作，开发新的产品，持续合作100家新的博物馆，图书版税将突破3000万元，文创收入将突破5500万元，也将努力实现产品的数字化升级。

我们一直在努力，也非常有信心，相信在不久后的将来，一定会看到我们的孩子对中华传统文化发自内心的认同和憧憬，一定会看到祖国未来豪情坚定的文化自信。科技兴国，文化亦能强邦。在这条道路上，我们会一直坚持我们的初心——小满，小满，盈而未满，前行不止。

谢谢各位评委老师。

（来源：全国大学生创业服务网）

思考题

1. 根据案例分析，在路演中如何介绍项目服务成果更能体现项目实力？

2. 结合案例项目路演现场照片分析，案例项目采用了哪些方式让自己的路演引发听众共情？